김학수의 꼭두각시놀음 공연기록집

돌아온 박첨지

2013 ~ 2020

돌아온 박첨지 : 김학수의 꼭두각시놀음 공연기록집 2013~2020
Park Cheomji Returns : Kkokdugaksi Noreum Production Book by Kim Haksu

초판 발행	2021. 3. 31
지은이	김창기 김옥란 이노아
펴낸이	이노아
편집·디자인	이노아
인쇄·제책	문성인쇄
펴낸곳	다큐멘토
	서울 강남구 자곡로 192 강남푸르지오 2차 620호
전화	010 8227 8437
팩스	0504 083 8437
이메일	documentor.books@gmail.com
등록번호	제2020-000063호, 2020. 3. 11

주관	사니너매
후원	서울문화재단 Seoul Foundation for Arts and Culture

ISBN 979-11-971850-3-8

때 이 떼이 띠어 라 때 루 떼 에 이 야 하
루 루 따 루 때 루

김학수의 꼭두각시놀음 공연기록집

돌아온 박첨지

2013 ~ 2020

김창기

김옥란

이노아

다큐멘토

속초, 2013. 5. 20

책을 펴내며 | 공연을 기록하고 김학수를 기억하기 위해

손진책
연출가·극단 미추 대표

꼭두각시놀음 <돌아온 박첨지>의 연극적 성과를 정리하고,
애석하게도 한창 작업할 나이에 홀연히 우리 곁을 떠난
연출자 김학수를 기억하고자 이 한 권의 책을 펴낸다.

우리 조상들이 물려준 한국연극 유산은 가면극, 인형극,
판소리와 넓게는 굿까지를 꼽을 수 있다. 그중 인형극
꼭두각시놀음은 유랑예인집단 남사당의 여섯 가지 놀이
즉, 풍물, 버나, 살판, 어름, 덧뵈기, 덜미 중 하나인 덜미를
일컫는다. '박첨지 놀이' 또는 '홍동지놀음'이라고도 불리는
덜미는 산대도감계통극의 연극 유산이다. <돌아온 박첨지>는
이러한 전통 연극을 현대적으로 계승하고 발전시켜 창작
인형극의 가능성을 시도한 김학수의 연출작품이다.

민속극이란 아직도 자생적 전승력을 이어 오고 있는
연극이지만, 고전극은 어느 시점에서 그 전승력이 차단되어
박제되어버린 연극이다. 김학수가 이룬 <돌아온 박첨지>의
성과는 고전극이 되어버린 인형극 꼭두각시놀음이 전승력을 잃지
않고 계속 놀이 되어 왔다면 오늘날 꼭두각시놀음은 어떤 모습을
하고 있을까 하고 재창작해 보려 했다는 점이다.

배우이자 연출가인 김학수는 1991년 극단 미추의 제6 기 연구생으로 입단하여 어려운 연극의 길을 처음 걷기 시작했다. 남다른 부지런함과 성실함으로 실력을 쌓아 올린 김학수는 곧 극단 미추에서 없어서는 안될 중추적 역할을 하게되었고 주요 단원으로 입지를 다져나갔다. 미추의 꼭 거쳐야 하는 교육 과정인 전통 연희 수업을 통해 잠재된 재능을 발견하게 되고, 결국은 전문적인 공부를 하기 위해 한국예술종합학교 전통예술원에 입학하여 전문 연희자의 길을 선택하기에 이르렀다.

모쪼록 <돌아온 박첨지> 공연기록집에 열정으로 부딪치고 땀으로 체득하는 과정을 통해 이제 막 일가를 이루어 내려했던 김학수의 도전과 혁신의 시간을 애도하는 마음으로 기록하고자 한다. 동시에 한국연극의 살아있는 유산을 포용하고 동시대의 연극 지평을 넓히는 작업으로 짧은 인생을 살고 간 김학수의 작업을 통해 전통의 현대적 계승과 발전을 향한 새로운 길을 모색하는데 길잡이가 되어주길 바란다. 그리고 꼭두각시 인형극의 새로운 일꾼이 되고자 하는 지망생들에게도 조그만 도움이 되었으면 보람이겠다.

책을 펴내며 | 나비 학수

이성열
연출가·극단 백수광부

김학수가 오토바이 사고로 저세상으로 가고 벌써 1년이
되었다. 그를 처음 보았던 것은 20여 년 전 장흥의
미추산방에서였다. 당시 박상현 연출의 극단 미추 워크숍
작품 <독자>(아리엘 도르프만 작)를 보러 갔었는데, 김학수가
거기 있었다. 출연자의 한 사람이었던 그는 매우 노숙해 보였다.
내가 물었다. "누구야? 저 사람?" 그때는 몰랐다. 그가 누구인지,
어떤 사람인지, 무슨 생각을 하는지, 왜 연극을 하는지….
세월이 흐른 지금은 알까?

아니 모른다. 그는 그 세월 동안 쉬지 않고 자신을 부수고
새로 짓고 했다. 배우로 만났는데 다시 보았을 땐 전통 연희
전승자였고, 그런가 했더니 어느새 대학로의 배우로 돌아와
우뚝 서 있었다. 순진한 내가 "김학수는 참 좋은 배우야" 하는
동안 그는 연출가가 되고, 각색자가 되고, 극단 대표가 되고,
축제 예술감독이 되었다. 흐르는 세월 동안 그는 계속 달라졌고
난 그가 누구인지 따라잡기 힘들었다.

이렇게 말하면 어떨까? 학수는 나비다.
누에고치를 찢고 나온 나비다.
나비 학수. 맘에 든다.
그가 훨훨 날아간다… 했더니,
내 어깨 위에도 손등에도 내려앉아 놀고 있다.
마음이 따뜻해진다.
그에게 가만 손을 내밀어 본다.

차례 |

프리셋, 밀양, 2013. 7. 24

1 프리셋

공연 제작 의도
작품 발전 과정
등장 인형

공연 제작 의도 | <돌아온 박첨지> 2013

유일하게 전승 되어온
전통인형극

남사당패에 의해 전승되어 온 꼭두각시놀음은 중요무형문화재 제3 호로 지정되어있다. 우리 민속극의 다양한 양상을 이해하는 귀중한 연극사 자료이자 인형극의 전통을 보여주는 희귀한 문화유산이라 할 수 있다. 특히 탈춤의 내용과 풍자적 성격이 흡사하면서도 연행 방식과 구성 방식이 독특하여 연극 미학으로서 가치가 높다.

공연의 희소성

1970, 80년대에 활발히 무대를 통해서 접할 수 있었지만, 현재에 와서는 학술적으로나 영상자료로서 존재하기에 공연성이 취약한 실정이다. 이러한 문제를 염두에 두고 꼭두각시놀음의 체계적 전승 및 연희 방식을 구현하고, 등장인물의 해학적 재담, 놀이의 방식의 다변화, 한국 전통인형의 방식과 특징을 현대적으로 부각하고자 한다.

전통극 재발견

연극적 양식을 탐구하고 전통극 재발견 시리즈를 통해 우리 연극원형을 복원 및 재현을 거쳐 추후 현대적 재창조의 기반을 구축하는 작업으로 이어지게 될 것이다.

- 2013 <돌아온 박첨지> 프로그램북 중에서

작품 발전 과정 | <돌아온 박첨지> 2013~2014

2012.	12	극단 백수광부 워크숍 연습 시작
2013.	2	워크숍 공연 <설장구와 꼭두각시놀음>, 극단 백수광부
	4	공연 스태프 구성
	5~7	문화예술위원회 '신나는 예술여행' 지방 순회공연
		<전통연희극 꼭두각시놀음>
	6	1차 공연 대본 완성
	7	밀양연극제 공식 초청작
	9	인형 제작 및 무대 구성
	11	한국예술인복지재단 학습공동체 지원사업
		'꼭두각시놀음을 통한 전통연희의 이해와 실기',
		극단 백수광부·사니너머
	12	<돌아온 박첨지>, 극단 미추·백수광부·사니너머,
		예술공간 서울
2014.	5	문화예술위원회 '신나는 예술여행' 지방 순회공연
		<전통연희극 꼭두각시놀음>
		고성오광대 초청공연 <돌아온 박첨지>
	6~10	한국예술인복지재단 학습공동체 지원사업
		'꼭두각시놀음의 제작과정을 통한 전통연희의 이해',
		극단 사니너머
	11	<돌아온 박첨지 시즌 2> 대학로예술극장 3관

정리　하동기

등장인형 |

제1 거리

박첨지 유람 거리

박첨지

풍물패

제2 거리

피조리 거리

홍동지

피조리

상좌중

제3 거리

꼭두각시 거리

꼭두각시

박첨지

덜머리집

제4 거리

이시미 거리

박첨지 손자

홍백가

묵대사

초란이

매호씨

청노새

이시미

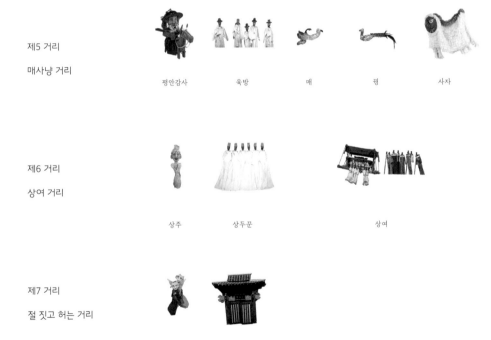

제5 거리

매사냥 거리

평안감사   육방   매   꿩   사자

제6 거리

상여 거리

상주   상두꾼   상여

제7 거리

절 짓고 허는 거리

상좌중   절

프리셋 | 등장인형

꼭두각시놀음 <돌아온 박첨지>

용인·속초·양평·단양·풍기, 2013.5~7
밀양연극제 공식 초청작, 2013.7. 24~25
예술공간 서울, 2013.12.11~29
수원SK아트리움, 2014.7.16~27
대학로예술극장 3관, 2014.11.12~30
대학로예술극장 대극장, 2016.1.7~16
광화문아트홀, 2020.10.17

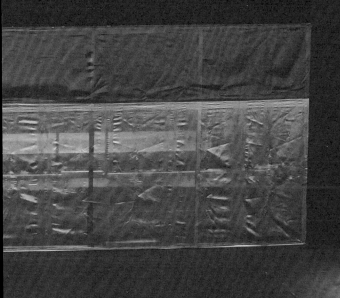

2 온스테이지

무대 안과 밖 | 사진 이노아

제1 거리   박첨지 유람 거리

박첨지가 팔도강산을 유람하다가 꼭두패의 놀이판에 끼어들어

질펀하게 놀았던 이야기를 들려주며 사물굿판과 흐드러지게 논다.

띠어라
떼　이　떼이　라
　루 떼루　　따

이
떼 루 떼 에 떼 루
　루　　루　야하

극단 백수광부 연습실, 2020. 10. 16

장구	덩 덩 궁다쿵 궁따궁따 궁따쿵
북	설그덩 둥덩둥 웃덩웃덩 웃덩덩
징	징~ 집징집집
꽹과리	깽 개갯 웃개갱 갱집

어 럴 럴 럴 ^니 기 럴 꺼

어흠! 어흠!

아따, 아닌 밤중 가운데 사람이 많이 모였구나.

제2 거리 피조리 거리

두 명의 피조리 사장중과 놀아나다가 갑자기 호동지에게 쫓겨난다

똥^딱기 똥^딱 또동^닥기^똥닥

니나누 난실　나니네　난실

궁 다 쿵 쿵 따

궁 다 쿵 쿵 따

궁 다 쿵 쿵 따

∧ 극단 백수광부 연습실, 2020. 9. 28
〉극단 사니너머 연습실, 2014. 10. 22

∧ 극단 사니너머 연습실, 2014. 10. 22
〉극단 백수광부 연습실, 2020. 10. 16

이 ~
쉬

제3 거리   꼭두각시 거리

박첨지가 첩을 데리고 등장해 본처인 꼭두각시와 만난다.

얼 쑤~

꼭두각시   여보 영감~~ 영감
박첨지   여보게 할멈~~ 할멈
덜머리집   나는야 아흥~~ 나는야 아흥~~

극단 사니너머 연습실, 2014. 10. 22

제4 거리   이시미 거리

이시미가 박첨지의 손자, 피조리, 홍백가, 초란이, 꼭두각시, 묵대사 등을 차례대로
잡아먹는다. 이에 박첨지가 겁 없이 이시미에게 갔다가 위험에 처하지만 홍동지

내 나이? 여든두 살
우리 할아버지는 열두 살,
우리 아빠는 열 살,
우리 엄마는 다섯 살~

썩!
덥~

극단 백수광부 연습실, 2020. 10. 16

못난 사람을 바보
키 작은 사람을 땅딸보
뚱뚱한 사람을 뚱보
꾀 많은 사람을 꾀보
수염 많은 사람을 털보
곰팡이가 슨 사람을 곰보

썩!
덥~

외상 술값을
어떻게 떼먹느냐면

　　　　　그러고 나 서　　　　　내 언제 술을 먹었^{나?}

일단 술을 잔뜩 먹거든.

썩!
덥~

왕파리 똥구멍 ˜

돌리고 돌리고 ˜

썩!
덥~

극단 백수광부 연습실, 2020. 10. 16

 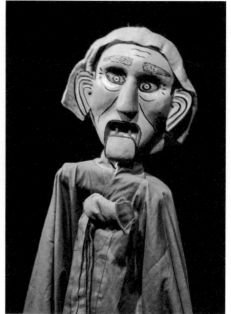

떴 다!

뜬~다 뜬다 뜬다 뜬다 뜬다 뜬다~

썩!
덥~

극단 사니너머 연습실, 2014. 10. 22

아이구, 나 죽네. 나 죽어.
여보게, 우리 뒨둥이 좀 불러 주게.

썩!
덥~

산받이	산 너머 된둥아!
홍동지	똥 눈다.
산받이	야! 이놈아!
홍동지	아! 밥 좀 먹고
산받이	야, 이놈아!
홍동지	나왔다!

봤냐? 봤냐?
입만 떠들어대고 아무것도 안 하는 놈들 봤냐?

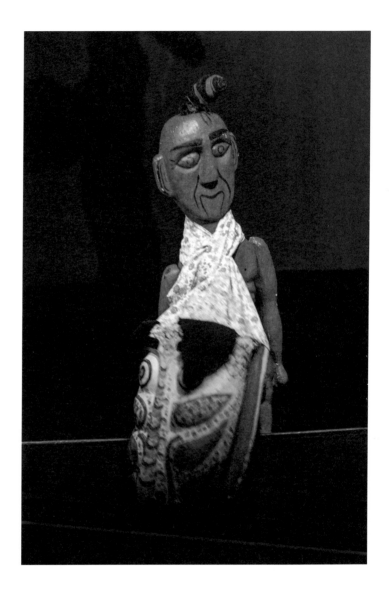

제5 거리 매사냥 거리

사물 연주가 시작되고 새로 부임한 평안감사가 길들인 매를 던저 꿩 사냥을 한다.

꿩을 잡은 감사 일행은 장단이 바뀌면서 퇴장한다.

뿌
우 ~

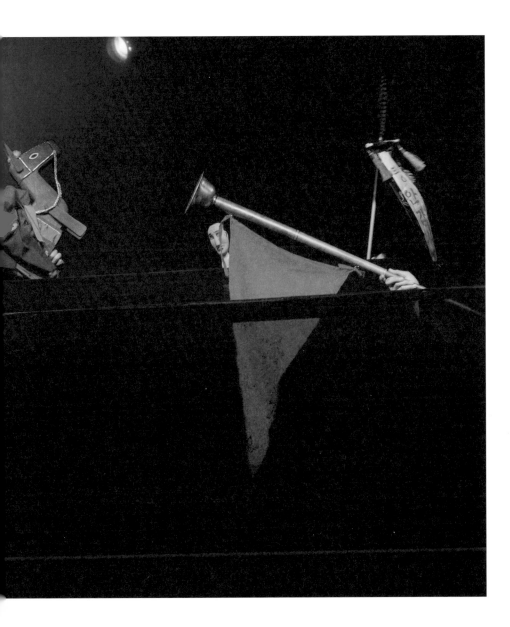

평안 감~사 꿩 사~ 냥

평안 감~사 매 사~ 냥

평안 감~사 꿩 사~ 냥

해 처먹을 게 한두 가지가 아니나,
내 오늘은 꿩 사냥이나 하련다.

극단 백수광부 연습실, 2020. 9. 28

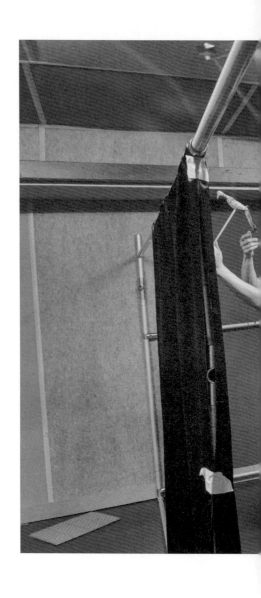

극단 사니너머 연습실, 2013. 12. 5

덩 덩 덕 쿵 쿵

덩 덩 덕 쿵 쿵

제6 거리 상여 거리

매사냥을 하고 돌아가면 평안감사가 고개에서 낮잠을 자다가 개미에게 물려 죽어 상여가 나온다.

상제가 홍동지에게 길이 험하여 상두꾼들이 다리를 다쳤으니 대신 메라고 한다.

상두꾼이 된 홍동지가 아랫배로 상여를 밀고 나간다.

어이, 여보게!
냄새가 하두나서
나 맵다 뒤로 밀고 나가겠다.

어　　^허　　어이야

어　　^허　　어^허이야

어이나 가리 어^허^허야

어^허 넘자 어^허^허와

에구리 넘자 어^허^허화

극단 사니너머 연습실, 2013. 12. 5

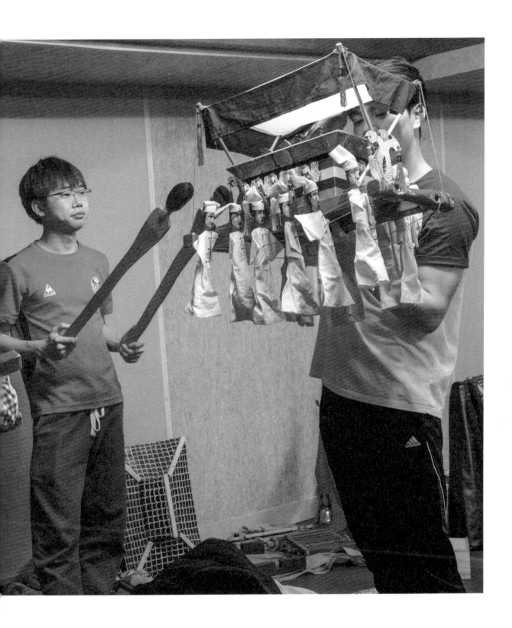

제7 거리   절 짓고 허는 거리

상좌들이 나와서 인사를 나누고 절에 시주하면 자식을 많이 낳고 부귀공명을 누리게 된다면서

법당을 짓는다. 조립식 법당이 완성되면 다시 그것을 헐어 낸다.

절   시~ 주   아들   딸
이   에다   를 하면,   낳고   을 낳네

절   시~ 주   부귀공명
이   에다   를 하면,   을 하시련마는

절   시~ 주   무병장수
이   에다   를 하면,   를 하시련마는

절   시~ 주   소원성취
이   에다   를 하면,   를 하시련마는

극단 백수광부 연습실, 2020.10.16

예술공간 서울, 2013.12.23

극단 사니너머 연습실, 2014.10.22

⌃ 극단 사니너머 연습실, 2013. 12. 5
⌄ 커튼콜, 대학로 예술공간 서울, 2013. 12. 18
⌄ 무대 안, 2013. 12. 23
⌄ 스트라이크, 2013. 12. 29

2013
신나는
예술여행 전통신희극 - 꼭두

2013.05.1 11:00 양평 대이

양평, 2013. 5. 13

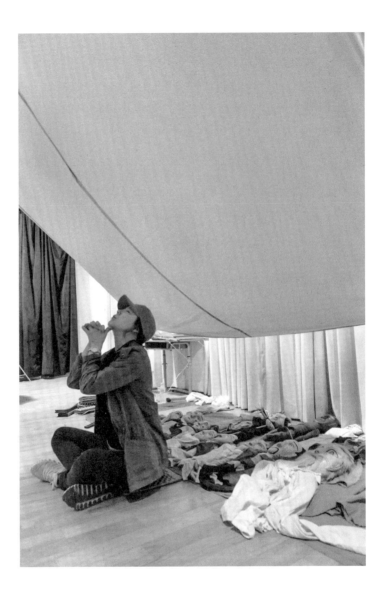

풍기, 2013. 5. 25

용인, 2013. 5. 21

단양, 2013. 5. 24

용인, 2013. 5. 21

∧ 단양, 2013. 5. 24
〉 풍기, 2013. 5. 25

단양, 2013.5.24

양평, 2013.5.13

3 프로덕션 노트

전통의 재구 | 연출의 글 김학수

마당의 한량 박첨지, 극장을 만나다 | 드라마트루기 글 배선애

꼭두각시를 다시 춤추게 하라 | 특강 서연호

꼭두각시 인형 만드는 법 | 워크숍 제작도면 박용태

인형 | 무대 | 글 제작도면 손호성

음악 | 글 김기태 채보 김동욱

<돌아온 박첨지> | 연희본 김학수

예술공간 서울, 2013. 12. 16

연출의 글 |

김학수
연출가·전 극단 사니너머 대표

전통예술의 명인이 되려면
모름지기 40년은 좀 해야 한 다는데,
난 어중이떠중이 20년 했는데,
오늘 발표자들은 이제 4개월 했으니
앞으로 39년하고 8개월 남았다.
어떠랴!
그래도 실컷 두드려라.
4개월이 40년 한 것 같이 사는게 배우 아닌가.

- 극단 백수광부 전통연희 워크숍 프로그램북 중에서, 2013.2.25

배우가 배우에게	인형은 우리 자신의 내면이 외재화된 것이다. 인형 조종자인 배우들의 임무는 생명력이 없는 오브제들에 움직임과 소리를 통하여 생명을 부여하는 것이며 오브제들에 발화하는 능력을 부여하는 것이다. 그러므로 인형의 생명은 홀로 살아지는 것이 아니며, 인형 조종자인 배우가 일으키는 움직임에서 의미가 생기는 것이어서, 배우가 또 다른 배우인 인형에게 생명을 넣어주지 않으면 살지 못하는 것이다. 이렇게 살려진 인형은 배우를 통해 자기의 자아를 어느 정도 자유롭게 개방한다. 그러므로 배우는 자기 자아와 인물의 성격이라는 이중의 의식을 동시에 구현하여 인형과 나를 객체화한다고 할 수 있다.
전통의 재구	연희, 즉 놀이는 리얼리즘 연극적 유산과는 반대로 우리의 생을 총체적으로 포괄적으로 포용하는 것이었으며, 그러한 연희적 놀이의 세계는 논리성과 합리적이 지배하지 않는 세계이다. 그중에 전통극이란 그 시대가 낳은 낡은 언어가 해체된 후, 박물관에 놓인 과거의 전시품이나 배경이 사라진 무대에 선 배우처럼 당대의 의미를 박탈당한 것이다. 그래서 무대에서 사라지지 않기 위해 시간과 싸운다. 현재에서 전통극이 중요한 이유는 누구도 안 보지만, 그러니까 동시대성은 없지만, 엄연한 사실은 그것이 우리의 연극원형으로 존재하며 한동안 단절된 문화를 겪은 우리에게 전통의 재구란 물음으로 끝없는 콤플렉스로 작용하고 있는 것은 아닌가? 그러므로 여기 하나의 전통극을 손대는 것은 한편으로 과거의 사건을 끌어들여 과거의 정신을 제대로 이해하거나 알리고자 하는 것은 아니다. 동시대의 적합한 연극적 발언으로 재구되어야 한다는 사명감 아래 우리의 연극적 원형을 탐하여 창작적 기반을 다져 나가려는 것이다.

전통을 공부하면서 내게 있어 계속된 물음은 현재에서 전통을 논하는 것이 단지 역사적 관심의 대상이기 때문 아닌가? 전통의 직접적 수용은 전통을 전통으로만 남아 있게 할 뿐 오늘날의 문제와는 거리가 멀다 할 수 있지 않을까? 가장 전통적이고 투박한 우리 이야기가 내재적인 한국적인 정체성과 맞닿아 있는가? 과거의 문화는 당대의 것이며 당대의 문맥에서만 의미가 있고 작동하는 것은 아닌가? 난장이나 군무의 그 감각적이고 집단적 신명이 현재의 문제를 궁극적으로 직면하는 데 도움이 될까? 한국 연극의 미적 특성의 문제를 전통과 연결하는 것이 또 하나의 상투성이 아닐까? 이러한 미의식의 문제가 전통과의 연계 속에서 이루어진다는 믿음을 품었지만, 거기에서 한 발짝도 나아가지 못한 채 맴돌고 있는 것은 아닌가? 한편으로 전통 연희에 대한 지나친 관심이 리얼리즘에 기초한 현실 인식을 흐려놓고 있지는 않은가? 클래시컬한 전통의 바탕이 너무 강하다면 거기서도 어쩌면 예술적 변화의 다양성이 함몰되지 않을까? 그렇다고 연극적 모던함이 예술이라는 망상에 사로잡혀, 우리 것도 그러할 것이라는 착각 속에 전통의 테두리에서 유영하는 것은 아닐까? 오늘날 꼭두각시놀음을 다시 들고나온 이유 역시 나 스스로 자기 반성적 입장에서 전통에 접근하고 있는 것은 아닌가? 이런저런 생각이 억누른다. 적절한 경계선은 어디인가?

처음 전통을 공부하면서 그것을 바탕으로 새로운 연극을 만들자는 나름 엄청나게 원대한 목표를 두고 시작했지만 개뿔! 그것 역시 커다란 함정일지 모른다는 생각이 요즘 들어 더욱 든다. 현재의 지금도 모르는데 과거는 더욱 모르고 낯설지 않은가. 이미

근대 이후 서구식 연극이 우리의 한복판에 앉아있으며 잘 조화를
이루고 있는데, 전통극의 미의식을 새로이 어쩌구저쩌구가 무슨
도움이 되겠는가. 하지만 어쩌랴. 여기까지 왔는데 되돌릴 수는
없잖은가. 누군가가 해야 할 일이라면 몽매한 내가 이렇게라도
덤벼본다.

– 2013 〈돌아온 박첨지〉 프로그램북 중에서

아날로그 정서

새것을 추구해서도 안 되고, 옛것을 따라가서도 안 된다면
어찌해야 할까? 이도 저도 안된다면 아예 그만두는 것이 어떨까?
옛것을 본받으라고 하면 겉껍데기만을 흉내 내니 문제가 되고,
새것을 만들라고 하면 듣도 보도 못한 가당치도 않을 황당한
말만 하고 있으니 문제가 된다. 그러므로 같기를 추구하면서도
똑같아서는 안 되며, 다름을 추구하되 실질은 전통과 맞닿아야
한다. 자칫하면 획일화와 정체성 논리에 빠지기 쉬우나 변하는
가운데 변하지 않는 그 무엇이 있어 이것이 연산의 형태로
굴러간다. 하고픈 대로 하여도 크게 벗어나지 않는 이것이 우리
꼭두각시놀음의 개방성이며, 변증법적 상생이다.
현재 극장 무대는 한정된 공간에서 작품 주제를 효과적으로
표현하기 위해 세련되고 화려한 디지털적 테크닉을 적극적으로
시도하고 있다. 하지만 로봇과 같은 기계가 아무리 정교한 솜씨를
자랑한다고 하더라도 인간의 손을 통해 움직이는 인형의 원형적
아나로그 정서야말로 무대에 가장 잘 어울리는 광대의 표현이라
할 수 있다. 이는 곧 우리나라 전통인형극 꼭두각시놀음에서
추구하는 표현형식의 핵심 행위이다. 그러나 시대가 바뀌면
취향도 바뀐다. 이미 달라진 옛 전통극을 인제 와서 복원하려

법고이지변(法古而知變)

창신이능전(創新而能典)

진실로 능히 옛것을
본받으면서 변화할 줄 알고,
새것을 만들면서도 법도에
맞출 수만 있다면
지금의 글이 옛글과 같게 될
것이다.
– 연암 박지원, 『연암집』

한들 가능키나 하겠으며, 또 그것이 무슨 의미가 있겠는가?

그런데도 아날로그 방식이 지금 세련된 새것과는 분명 다르지만,
지금 보아도 여전히 볼만한 연극으로 되살릴 수만 있다면 그것은
언제든 다시 꺼내야 한다.

원형의 소리란 없다. 묵혀두고 잊힌 낡음을 꺼내어 먼지를
털어내고 재생산해서, 아득한 과거가 지금과 나란히 만난 그
자체가 볼 만 하다면 언제나 다시 불러들이는 것이다. 과거와
똑같이 하지 말아라. 똑같이 해서는 똑같이 될 수가 없다.
변화해야 한다. 변화해야 지금과 서로 통하게 된다. 시간을
뛰어넘고 공간의 장애를 극복해야 한다. 한데 말은 쉽지 이게 제일
어렵다.

홍동지. 나는 성인이 되는 것을 바라지 않는다. 오히려 익살꾼이
되기를 원한다. 아마도 나는 익살꾼일 것이다. 왜냐하면 성인보다
가식적인 사람은 지금까지 아무도 없었으므로. 도덕과 관습의
강력한 지배를 받는 세상에서 솔직하게 사는 게 오히려 훨씬 더
힘들고 번거롭고, 그야말로 귀찮은 일이 아닐 수 없다. 나는 내
몸이 요구하는 대로, 내 마음이 흐르는 대로 솔직하게 살고 싶은
것이다.

세상만사를 멀리서 팔짱을 끼고 지켜보는 구경꾼의 자세로
보면서 빈정대거나 이것저것 불평만 늘어놓는 대안 없는 비난
태도는 싫다. 엉뚱하리만큼 자유분방한 에너지를 발산하며
불의에 대한 풍자로 지배 질서의 위선을 우스꽝스럽게 만드는
홍동지의 웃음과 행위. 나는 이것을 모든 억압과 인위적이며
제도적인 구속으로부터 해방을 감행하고자 하는 슬기로운
자기표현의 소산이라고 보고 싶다. 어려움에 부닥쳐 있을 때

현장까지 달려가서 그 아픔을 치유하는 홍동지.

요즘은 오히려 꼭두극을 만들기 위한 가장 적절한 때라고
생각한다. 매일매일 이렇게 다양하고 기막힌 볼거리가 불거져
나오는 시대도 드물다. 현실의 벽은 너무나 거대하고 완고하며,
그러므로 그저 포기하고 순응하며 살아가라고 한다. 과연
그것밖에 방법이 없는가? 우리의 홍동지가 명쾌하게 답을 한다.
죽어간 희생자들과 관계없이 사건의 은폐와 유기만 보여줌으로써
인간의 존엄성을 경시하는 이 권력의 포악성을 향해 벌거숭이
홍동지가 거침없이 날리는 통쾌한 똥침의 한 방!

"아무것도 하지 않으며 말로만 떠들어대는 너희들, 봤냐?
어려라~!"

– 2014 <돌아온 박첨지 시즌 2> 프로그램북 중에서

드라마투르그의 글 |

배선애
연극평론가

마당의 한량 박첨지, 극장을 만나다

우리나라의 유일한 전통인형극인 '꼭두각시놀음'을 실내 극장에서 공연하는 <돌아온 박첨지>는 극단 미추와 극단 백수광부의 공동주최 작품이다. 얼핏 어울릴 것 같지 않은 두 극단의 개성은 열심히 노력하고 연습하는 배우들을 통해 이 작품에서 하나가 되었다. <돌아온 박첨지>는 인형이 중심이지만 실상은 연출가 김학수의 배우-연희자에 대한 믿음에서부터 출발한 작품이다.

꼭두각시놀음과 돌아온 박첨지

꼭두각시놀음은 우리나라 전통 연희 중 유일한 인형극이다. 1964년에 중요무형문화재 제3 호로 지정된 이 작품은 일명 '박첨지 놀음' 혹은 '홍동지 놀음' 등 등장인형의 이름을 따서 불리기도 했다. 남사당패의 총 6개의 공연레퍼토리(풍물, 버나, 살판, 어름, 덧뵈기, 덜미) 중 마지막에 공연되던 '덜미'(인형의 목덜미를 잡고 연행한다는 의미)가 바로 이 인형극이다.
여기에서 무엇보다 가장 먼저 눈에 띄는 것은 당연하게도 인형이다. 꼭두각시놀음은 대잡이(인형조종자)가 장막 뒤에서 인형의 아랫부분을 잡고 조종하는 공연형식을 취하는데, 이에 따라 인형은 대체로 상반신만 제작되어 있으며, 상좌승이나 이시미의 경우는 장갑처럼 손에 끼는 형태로 만들어졌다. 인형은 담당하는 역할에 따라 크기와 기능이 제각각이다. 주인공 역인 박첨지는 인형 중에서 가장 크고 줄을 이용하여 입을 움직일 수 있게 하였는데 이는 박첨지 부인인 꼭두각시도 마찬가지다. 조카인 홍동지는 역할에 맞게 하반신까지 만들어졌으며 두 팔이 자유롭게 움직일 수 있도록 제작되었다. 두 눈을 질끈 감고 있는 묵대사는 눈을 움직일 수 있게 했고, 가장 어린 박첨지 손자는 조그맣게 머리만 만들어져 있다. 장막 위에 등장하는 인형의 크기와 생김새만 봐도 작품 속에서 차지하는 인형의 역할이 얼마만큼인지 쉽게 가늠할 수 있다.

인형극은 전 세계적으로 존재하는 공연예술이지만 꼭두각시놀음에만 두드러지는 특징이 있는데, 바로 악사의 위치, 그리고 '산받이'의 존재이다. 일본의 인형극 분라쿠는 인형 하나에 두 명에서 세 명의 조종자가 붙을 만큼 크고 정교해서 마치 사람이 움직이는 듯한 느낌을 자아내는 것이 특징으로, 꼭두각시놀음과는 매우 큰 차이를 보인다. 우리나라 인형극과 가장 흡사한 공연형식을 보이는 것은 중국의 인형극인데, 균등한 크기로 제작된 인형들이 막 위에 등장하여 이야기를 펼쳐내는 형식은 비슷하지만, 악사와 산받이 부분에서 결정적으로 달라진다.

꼭두각시놀음에서 악사는 장막 앞, 관객들과 같은 자리에 앉는다. 이러한 위치의 특성상 악사들은 관객이면서도 동시에 극 중 분위기를 창출하는 역할을 부여받게 된다. 이러한 악사의 연극적 특징은 산받이에서 정점을 찍는다. 산받이는 악사 중 한 명으로, 인형들과 직접 이야기를 주고받으며 사건 전개에 적극적으로 개입하는 존재를 일컫는다. 공연이 시작되면 박첨지가 흥겹게 춤을 추며 무대에 등장한다. 주변에 다른 인형은 없고 박첨지 혼자만 남은 무대임에도 박첨지가 이곳에 어떻게 오게

되었는지를 설명할 수 있는 것은 관객석에 앉아 있는 산받이와
대화를 주고받기 때문이다.

악사의 극 중 개입은 탈춤에서도 나타나는 특징이지만 산받이는
이보다 훨씬 적극적이다. 주인공인 박첨지를 어르고 달래는 것은
물론 천둥벌거숭이 홍동지를 불러내고 꼭두각시의 억울한 심정을
면면히 다 들어준다. 박첨지 손자의 버릇없음을 대놓고 비난하고,
묵대사의 감은 눈을 뜰 수 있게 적극적으로 권유하며, 홍백가의
술주정을 따뜻하게 들어주기도 한다. 즉, 무대에 등장하는 많은
인형은 관객석에 앉아있는 산받이와 더 많은 대화를 주고받는
형국이다. 산받이의 이러한 역할은 인형극이 본질로 가지고
있는 객석과의 거리감을 극복하고자 하는 목적에서 기인한다.
일본이나 중국은 인형의 정교함을 통해 관객들에게 인형을
그저 물건이 아닌 하나의 살아있는 인물로 동일시하는 효과를
만들어냈다면, 우리나라의 꼭두각시놀음에서는 객석에 앉아 있는
산받이를 설정함으로써 단순한 상징성만으로 제작된 인형에게
생동감을 부여하는 방법을 택한 것이다.

관객과 같은 곳에 앉아 있는 '사람'이 무대 위의 '인형'과
쉴 새 없이 이야기를 주고받는 것은 관객들에게 무대와 객석의
거리감을 자연스럽게 사라지게 하고, 인형이라는 물체의 낯선
질감을 지우고 하나의 살아있는 캐릭터로 인지하게 만든다.
각 인물의 대사가 비교적 짧은 것, 인형들의 움직임이
단순하면서도 과장되어 있는 것, 그리고 산받이를 통해 극의
전체 진행과 각 인형의 사정을 풀어놓게 만든 것 등은 무생물인
인형에게 생명을 불어넣기 위한 꼭두각시놀음만의 매우 중요한
공연형식이다.

한층 강화된 놀이

　　<돌아온 박첨지>는 '전통극의 재발견'이라는 명분으로 전통극이
지닌 연극성을 재조명하자는 의도에서 지금까지 야외에서
공연되던 전통인형극을 실내극장으로 끌고 왔다. 무엇보다
중요하게 변화된 것은 놀이성의 강화이다. 원작에는 존재하지
않는 풍물패가 등장하여 상모를 돌리며 한 판 신나게 놀아내고,
초란이가 자기 몸집의 몇 배나 되는 버나를 돌리며 한껏 재주를
뽐내고, 평안감사의 매사냥과 상여 장면에선 앙증맞은 6방의
인형들이 대거 등장하여 죽음을 웃음으로 승화시키고 있다.
원작보다 훨씬 흥겹고 즐거운 놀이성은 이처럼 새롭게 제작된
인형으로 시각적 측면을 구성하였다면, 각종 타악기를 동원한
풍부한 장단과 음향효과는 청각적으로 놀이성을 강화하고 있다.
이 작품의 놀이성은 인형들의 역동적인 움직임에서 출발하는데,
이것은 원작보다 훨씬 커진 무대를 통해 성취된다. 원작에서는
대잡이가 바닥에 앉았기 때문에 인형의 움직임이 제한적이었고
무대 또한 크지 않았다. <돌아온 박첨지>의 무대인 가로 5m와
세로 170cm의 장막은 바로 활발한 배우들의 움직임을 고려한
것이다. 거기에, 장막 뒤의 공간 속에 단을 돋운 다층무대를
만들어 냈다. 높이는 물론이고 깊고 다층으로 구분된 장막 뒤의
공간은 다양한 인형의 움직임을 가능하게 만드는 배우들의
공간이 되었다. 각각의 장면마다 쉴 새 없이 등퇴장을 해야 하는
인형들을 조종하고, 흥겨운 난장을 표현해야 하는 배우들은 장막
뒤의 공간 속에서 자유롭게 움직이면서 이 작품의 놀이성을
입체화하게 된 것이다.
새로운 인형을 만들고, 그 인형을 통해 더욱 풍성한 장면을
연출하는 데에는 장단이 빠질 수가 없다. 장막 앞에 좌우로 앉은

악사들이 연주하는 악기들은 원작의 단조로운 풍물 악기에
현대적 타악기를 여러 가지 추가하였다. 인형들이 타령할 때
장단을 맞추는 것은 기본이고, 그들이 벌이는 갖가지 행동에
다채로운 음향효과로 작품의 분위기를 주조하는 데에 적극적
역할을 담당한다. 타악기 본래의 흥겨움이 인형의 움직임을 만나
유쾌함과 생동감으로 살아나는 것이다.

넉넉한 웃음으로
품어내는 풍자

꼭두각시놀음이 재미난 것은 인형들이 사람처럼 움직이고 말을
한다는 단순한 차원을 넘어 그들이 주고받는 이야기 속에,
그리고 그들이 빚어내는 관계와 갈등 속에 현실이 고스란히
들어있기 때문이다. 박첨지와 꼭두각시, 덜머리집의 삼각관계는
물론이고, 위아래도 없는 박첨지 손자, 여자들과 놀아나는
파계승들, 술주정 속에 삶의 고단함을 풀어내는 홍백가, 세상이
더러워 눈을 굳게 감아버린 묵대사, 부임되자마자 꿩사냥에
고을 사람들을 동원하는 평안감사 등 꼭두각시놀음에는 당대의
권력 문제와 처첩갈등, 종교의 타락상과 같은 민중들의 일상이
원형적으로 형상화되어 있다. 그런데 흥미로운 점은 이러한
현실들이 비난 일색이 아닌 웃음과 해학, 풍자 속에 녹아들어
있다는 점이다. 벌거벗은 몸으로 이시미를 때려잡는 홍동지의
당당함이 유쾌하고, 처첩을 대면시킨 채 사라지는 박첨지가
뻔뻔하다. <돌아온 박첨지>는 이 점을 더욱 강화하였다. 원작에
담겨있는 옛정서와 내용이 현재와 소통할 수 있도록 현실적인
대사들을 첨가하였다. 홍백가가 토해내는 비루한 지금의 정치
현실, 자신의 남성에 충실하다가 망신을 당한 전 청와대 대변인을
싸잡아 남자들을 비난하는 꼭두각시, 묵대사가 눈을 감을 수밖에
없는 질척거리고 모순에 가득 찬 뒤숭숭한 현재의 모습 등등. 이는

곧 전통극 자체가 박물관의 전시물처럼 박제된 것이 아닌 지금 현재도 생생한 생명력을 갖고 있음을 확인하기 위한 작업이다. 풍자와 해학으로 풀어내는 지금의 이야기는 관객들에게 유쾌한 즐거움을 줄 것이다.

장막 뒤에 숨은 배우들의 노력

이 작품의 연출을 맡은 김학수는 꼭두각시놀음 전수자이며, 노래지도를 담당한 최유송은 전통 연희를 적극적으로 무대화한 극단 미추의 배우다. 주인공인 박첨지의 선영욱은 연희단 'The광대'의 멤버이며, 태평소를 연주하는 윤현호는 고성오광대 이수자다. 이들만 놓고 보면 이 작품은 전통연희자를 중심으로 한 공연으로 보인다. 그러나, 이들을 제외하고 실제로 인형을 조종하고 악기를 연주하는 대잡이와 악사는 모두 극단 백수광부의 젊은 배우들이다.

서구적 개념의 연극을 전문적으로 공연하는 극단 백수광부의 배우들은 따라서 인형극의 연행 자체가 하나의 '무한도전'이었다. 기존의 연기관습과는 달리 이 작품을 위해 그들은 두 팔을 장막 위로 뻗어 능숙하게 인형을 조종해야 하고, 전통 창법으로 타령을 불러야 하며, 풍물 악기들을 능숙하게 연주해야 했다. 배우들이 인형극의 연희자가 되기까지 1년의 세월이 필요했다. 그동안 타령과 장단을 익히고 인형 조종술을 배웠으며, 자신이 담당한 인형 캐릭터를 해석하고 분석하였다. 땀을 뻘뻘 흘리며 연습하는 배우들의 모습은 그 자체로 감동이다. 그 때문에 원작의 대잡이들이 툭툭 던지듯이 대사를 주고받는 것에 비하면 <돌아온 박첨지>의 대사들은 감정과 억양이 실려 인형을 살아있는 캐릭터로 만들어냈다.

박첨지와 쉴 새 없이 대사를 주고받으며 극의 진행을 주도하는

산받이 역할의 김경회를 비롯, 버나를 잠시도 손에서 떼지 않고
연습하는 유성진, 장타령을 불러 제끼는 상주와 감은 눈을 번쩍
뜨는 묵대사의 김현중, 작은 상좌인형을 두 손에 끼우고 절을 짓고
허무는 하동기, 무겁고 큰 홍동지를 자유자재로 놀리는 이반석,
능글능글한 이시미가 되어버린 조재원, '찰랑찰랑'을 구성지게
부르는 피조리 심서라는 박첨지 선영욱, 꼭두각시 최유송과 함께
인형에 생명을 불어넣었다. 거기에 다양한 장단을 자유자재로
연주하는 악사 민해심과 김건우는 윤현호, 김학수와 함께 작품에
한껏 흥을 돋우고 있다. 비록 연기술은 다르지만 결국은 배우가
하는 것이기에, 전통연희 역시 충분히 현대적으로 무대화될 수
있다는 김학수 연출의 믿음이 한껏 빛을 발하는 부분이다.
오랜만에 만나는 꼭두각시놀음 <돌아온 박첨지>, 장담컨대,
관객들은 인형이 걸어오는 말을 유쾌하고 즐겁게 마주하며 함께
놀다보면 인형이 사람으로 보이는 놀라운 경험을 하게 될 것이다.
모든 준비는 끝났고, 이제 장단을 치며 막을 열 때가 되었다.
"자, 어려라~~!"

- 2013 <돌아온 박첨지> 프로그램북 중에서

풍자를 가득 안고
돌아온 '박첨지와
아이들'

박첨지가 돌아왔다. 작년 연말, 마당에서만 놀던 한량 박첨지가
가솔들을 데리고 극장 안으로 들어와 한 판 난장을 놀더니,
그 흥겨운 재미 속에 푹 빠지고 싶은 양, 올해 또다시 북적북적
소란을 떨며 돌아왔다. 박첨지가 처음 극장에 들어왔을 때는
두 가지 큰 의미가 있었다. 하나는 박물관에 전시된 유물인
듯 굳어버린 전통이라는 것이 펄떡펄떡 살아 숨 쉬고 있음을
직접 보여주는 것이었고, 다른 하나는 숨만 쉬는 것이 아니라
그 속에 지금 우리의 모습을 담을 수 있다는 가능성을 확인한
것이었다. 좀처럼 보기 힘든 전통 인형극의 공연, 그리고 그것의
현대화를 경험한다는 측면에서 박첨지의 첫 번째 극장 공연은
성공적이었다.

1년 만에 다시 찾아온 박첨지는 그 1년의 세월을 그대로 품으면서
한층 성장한 모습을 보여준다. 무엇보다 도드라진 것은 놀이성과
풍자성의 강화이다. 전통 인형극의 각 장면은 당대인들의 다양한
삶과 그 속에 마주하는 여러 모순을 원형적으로 제시하는 것이
특징이다. 세월호의 대형 참사와 각종 사건, 사고가 넘쳐난
2014년의 현실도 자연스럽게 이 속에 녹아들었다. 아직도
실종자를 모두 찾아내지 못한 세월호는 무대 한 켠의 공간에서
침몰하고 있고, 그것을 적극적으로 해결하지 못한 무능력은
인형의 입을 빌려 신랄하게 비판을 받는다. 일명 바바리 검사의
추악한 행위는 빈약한 인형의 몸집으로 비판되며, 본인의 책임을
다른 사람에게 떠넘기려는 권력자들의 무책임한 언행은 수시로
모습을 바꾸는 홍백가(변검) 인형으로 제시된다. 그리고 할
일을 제쳐두고 골프장에서 성희롱을 일삼는 정치인의 허세와
부도덕함은 평안감사의 모습 속에 고스란히 담긴다. 지난 공연에

비해 다양한 인간 군상이 등장하는 이시미 장면이 강화된 것은
이처럼 아프고 고통스러운 현실을 담아내기 위함이고,
또한 이시미를 때려잡은 홍동지가 가라앉은 배를 건져내 그 속에
있던 사람들을 모두 살려내는 것은 모두가 한마음으로 기도했던
염원을 보여줌으로써 좀처럼 치유될 것 같지 않은 상처받은
마음에 조금이나마 위안과 위로가 되고자 하는 바람을 담고 있다.
이렇게 현실에 적극적으로 자리를 내주었다고 해서 무게 잡고
있을 박첨지가 아니다. 현실을 빗댄 풍자가 생명을 얻으려면
의뭉스럽게 눙치는 뻔뻔함이 있어야 할 터, 1년 동안 박첨지
얼굴은 더 두꺼워졌다. 풍자만큼이나 놀이성도 풍성해진 것이다.
지난 공연에서는 상모를 돌리며 악기를 연주하는 풍물패, 상주와
홍동지를 따라 장타령을 부르는 인형들을 제작하여 기존에 없던
장면을 새롭게 만들어내면서 신명을 돋우었는데, 이번에는 여기에
몇 가지를 더 첨가하였다. 전통 인형극 자체가 남사당패의 공연
레퍼토리 중 하나였다는 것에 착안해서 그 레퍼토리 중 하나를
인형으로 제작했는데, 바로 줄타기 인형이다. 남사당패의 놀이
중에서 가장 긴장감이 큰 줄타기는 아슬아슬하게 줄을 타는
남사당패의 기술을 보는 즐거움과 모두 같은 곳을 바라보며
조그만 동작에도 일희일비(一喜一悲)하는 관객들 자신을 바라보는
재미가 있는 놀이다. 인형으로 제작되었기 때문에 사람이 줄을 탈
때의 긴장감은 덜하지만 줄 위에서 넘실대는 인형은 그 자체로도
충분한 즐거움을 준다. 또한 수시로 얼굴을 바꾸는 홍백가의
빨간 얼굴과 하얀 얼굴은 그 놀이성을 강화하였다. 그 외 초란이의
재주부리는 장면에서는 아예 호매 씨를 배우 한 명이 새로
담당해서 버나를 주고받는 범위를 아주 넓혔고, 박첨지 딸들은

작년의 찰랑찰랑을 버리고 요즘에 맞는 신곡을 발표하는 등 장면 장면에 흥겨움이 가득하다.

1년 만에 돌아온 박첨지는 이렇듯 놀이성과 풍자성이 한층 업그레이드되는 데에 그치지 않는다. 진정한 의미의 성숙은 사실 극단 사니너머와 배우들에게서 찾아볼 수 있다. 지난 공연에서는 악사와 박첨지, 꼭두각시를 제외한 나머지 배우들은 전통 연희자가 아닌 연극배우들이었고, 이 작품을 계기로 창단된 극단 사니너머는 이제 막 태어난 갓난쟁이였다. 박첨지를 극장 안으로 불러들이는 일 자체가 처음이었으니 모두 서툴고, 그만큼 준비하는 시간과 노력이 갑절 들어갔다. 다행히 열심히 땀 흘린 배우들의 노력으로 박첨지는 성공적으로 극장 안으로 들어올 수 있었고, 극단 사니너머는 그제야 공식적으로 호적에 이름을 올린 셈이었다. 그 후로 1년. 돌쟁이가 된 극단 사니너머는 그동안 많은 움직임을 보였다. 전속 배우를 두어 지속해서 연주와 장단을 수련하였고, 현장 공연을 통해 관객과의 소통을 체화하였으며, 이것을 바탕으로 판소리 '수궁가'와 인형극을 결합한 <산전수전>을 만들어내어 새로운 창작의 가능성을 선보였다. 이러한 극단 사니너머의 행보는 박첨지를 다시 극장으로 불러오려는 준비 작업이면서 동시에 이전 공연과 다른 극단 사니너머만의 역량을 구축하는 예비단계였다.

이번 공연에는 총 13명의 배우가 출연한다. 김학수 연출은 굳이 악사와 배우를 구분하지 않고 모두를 아울러 배우로 규정하였다. 그 이유는 간단하다. 꼭두각시극에서 악사는 단순한 악사를 넘어서서 중요 캐릭터로 적극적인 극적 개입을 하기 때문이다. 강학수, 윤현호, 김기태, 신은경이 악사 역할을 맡아 인형들과

소리로 교감하고, 특히 산받이인 강학수는 느물느물 구렁이
담 넘어가는 것 같은 화술로 박첨지를 어르기도 하고 야단도 친다.
박첨지와 산받이가 주고받는 재담이 재미난 것은 그 내용보다는
두 사람의 호흡이 잘 맞기 때문이다.

가장 크고 무거운 인형 박첨지는 김현중이 연기한다. 지난
공연에서 묵대사와 상주를 담당했던 김현중 배우가 1년 사이
박첨지로 성장한 것은 매우 놀랍다. 전체 작품의 진행을 주도해야
하는 박첨지는 인형의 무게만큼이나 다양한 기술과 노력을
요구하는 캐릭터다. 여러 장단의 창을 자연스레 불러야 하며,
대사에 맞게 인형의 입과 팔을 수시로 움직여야 하고, 산받이와의
호흡 때문에 늘 객석을 의식하고 있어야 하는 인물이다. 박첨지
인형을 조종하는 김현중 배우는 처음부터 박첨지였던 듯
그 역할을 충실히 해내고 있었다.

이번에는 무엇보다 홍동지 캐릭터가 강화되었다.
천둥벌거숭이지만 불의를 보면 무작정 행동하는 인물 홍동지는
그 자체가 실마리를 찾을 수 없는 답답한 현실을 뻥 뚫어줄
해결사이기 때문이다. 수수방관하거나 체념하거나 모른 척하는
비겁한 사람들에게 마구 들이대는 홍동지의 붉은 얼굴은 여러
가지 의미에서 우리 스스로를 부끄럽게 만든다. 홍동지는 가장
홍동지와 닮은 조원종 배우가 우직하면서도 능청맞게 연기한다.
꼭두각시는 허유미, 초란이는 서익상, 피조리는 김현지와 송진아,
이시미는 김일강이 각각 연기하는데 이들 모두 극단 사니너머의
배우들로, 서로에 대한 믿음을 기반으로 한 탄탄한 팀워크를
가지고 작품 내 생기와 에너지를 불어넣고 있다. 상좌와 홍백가를
연기하는 조하석과 평안감사를 연기하는 유정훈은 특별한 기술이

필요한 인형이기 때문에 손에서 인형들을 놓지 않는다. 배우들의
이러한 노력이 박첨지를 다시 극장으로 불러올 수 있었던 가장 큰
밑거름인 셈이다.
지난 1년 동안 우리는 행복하지 못했고, 즐겁지 못했다.
살림살이가 나아지지 않았으며, 치유할 수 없는 상처는 점점 더
깊어만 갔다. 무기력과 무책임이 넘쳐나고 믿음은 실종되었으며,
서로에 대해 점점 무관심해졌다. 1년 만에 박첨지가 돌아온
이유가 바로 여기에 있다. 서로 힘들면서도 아무도 다독여주지
않는, 그래서 혼자서만 아파해야 하는 우리에게 들썩거리는
흥겨움으로 위로와 위안을 주기 위해서다. 새로운 인형과
함께 다시 돌아온 '박첨지와 아이들', 비록 인형이지만 그들이
들려주는 이야기에서, 그들이 건네는 대화에서 관객들은
고단하게 살아온 한 해에 대한 치하와 위로를 받을 것이다.
인형이면 어떠랴, 나에게 말 걸어주고, 나에게 축원을 해주는
한 줌의 관심만 있다면 그래도 살아갈 만한 것이 세상이 아닐까?
박첨지, 이 영감, 잘 돌아왔네, 잘 돌아왔어~!

– 2014 <돌아온 박첨지 시즌 2> 프로그램북 중에서

서연호
연극학자

"인형 놀음 혹은 인형극은 배우에 대신해서 인형이 연기하는
극을 일컫는다. 감정을 자유롭게 직접적으로 표현하는 배우에
반해서 인형은 조종사가 실이나 막대 또는 맨손을 통해서
간접적으로 표정이나 움직임을 갖게 한다. 인형과 조종자라는
이원성은 인형극의 특성이다. 이 같은 이원적 요소가 일원적인
표현으로 조화되고 생명력을 얻기 위해서는 인형 제작, 놀이 방법,
조종 방법 등에 고도한 기술성과 예술성이 필요하다. 인형극은
그 나름의 독창적인 현실성과 비현실성, 상징성, 환상성을
표현함으로써 다른 연극 장르와 더불어 공존하고 있다."

'꼭두각시놀음의
제작과정을 통한
전통연희의 이해'

한국예술인복지재단
학습공동체 지원사업

특강	서연호
인형제작실습	박용태
탈춤	허장열
소리	최유송
호흡과 발성	김동완

연극학자 서연호 교수 특강 '꼭두각시를 다시 춤추게 하라', 예술가의 집 세미나 2실, 2014.7.23

워크숍 | 꼭두각시놀음 인형 제작

박용태
중요무형문화재 제3 호 남사당놀이 보유자

꼭두각시 인형 제작법은 조선 시대 말 이후 남사당 연희자 중,
꼭두쇠였던 홍덕화, 최군선 등의 지도 아래 남형우, 최성구,
조군용에게 전수되어 왔다. 『꼭두각시 인형 만드는 법』(필사본,
1975)은 1960년에 남형우, 최성구 씨와 같이 제작을 하면서 직접
배운 과정을 정리한 것이다.

꼭두각시 인형 만드는 법을 설명하는 박용태 선생, 2014. 6. 6

인형 | 꼭두각시놀음 인형 제작

재료 및 소도구

재료로는 오동나무, 소나무, 혹은 미루(버들) 나무의 통나무 등을 사용한다. 인형을 제작하는 연장에는 톱, 짜기, 끌, 칼, 대패 등이 있다. 인형 이외에 상여, 절, 매, 꿩, 청조새 등 여러 가지 소도구가 있다.

얼굴 만들기

1 오동나무 자르기

2 나무깎기

3 얼굴과 몸통 구분하기

4 얼굴 선 그리기

5 얼굴 깎기

6 얼굴 완성

© 2014, 남사당전수관

몸통 만들기

7 귀 만들기

8 귀 붙이기

9 손잡이 만들기

10 팔 만들기

11 다듬기

12 몸통 완성

인형의 채색 과정과 재료   물 한 되에 아교풀 반 근을 넣어서 끓이면 아교풀이 녹아서 물이 된다. 백분 1/4되를 아교풀에 넣어서 100도 이상으로 끓인 다음에 물감을 타면 아교단청이 되는데, 인형을 깨끗이 손질을 한 다음, 이를 붓으로 찍어 색칠을 한다.

채색 과정

13 아교 끓이기

14 아교 칠하기

15 피부색 만들기

16 얼굴 칠하기

17 얼굴 그리기

18 도색 완성

| 꼭두각시 인형 만드는 법

박용태

박용태,
『꼭두각시인형 만드는 법』,
필사본, 1975.
공주민속극박물관 소장

一 인형 만드는 재료 및 소도구

① 인형만드는 나무는 오동나무. 소나무. 흑은 미루(버들)
나무의 통나무로 사용한다.

② 통나무의 크기는 인형에 따라서 크고작다.

③ 인형에 따르는 소도구는 인형 뒤에 살며, 형, 머
껌: 평조각, 지에도 여러가지 종류의 소도구가 있다.

④ 인형을 제작하는 연장(칼)은 다음과 같다.
돌. 짜기. 끌. 칼. 메. 퍼. 로인형 을 제작 한다.

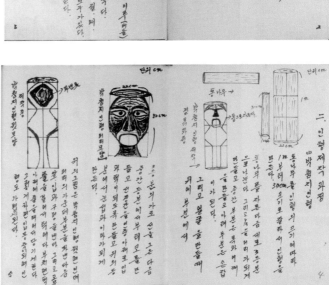

二 인형 제작 과정

(1) 박 쳄지인형

통나무를 인형 의 크기에 따라
1m 혹은 300cm 크기로 잘라서 인형을
통나무를 자른 다음 세로 두쪽
으로 나눈다. 그리고 우... 부분은
이가되고 ... 부분은 은갑
그리고 얼굴을 만들때
뒤에 부분에서

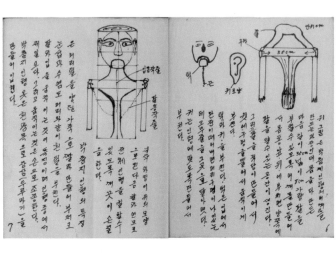

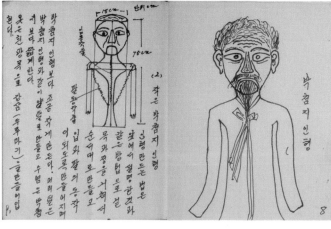

박첨지인형

단위 cm

7

6

8

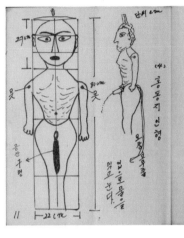

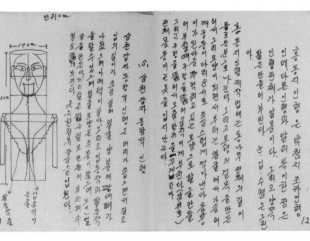

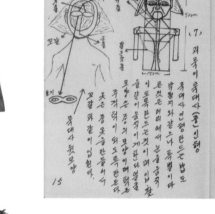

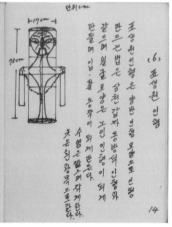

〈7〉

괴뢰이 목대사(꼭두각시 인형)

단위 cm

〈6〉 표정원 인형

단위 cm

표정원 인형은 양반 인형 모양으로 인형 만드는 법은 삼천갑자 동방삭 인형와 같으며 얼굴 모양은 노인 인형이 되게 만들며 입·팔·동작이 되게 만든다.

수염은 짧으며 작게 하고 옷은 회색옷으로 만든다.

15

14

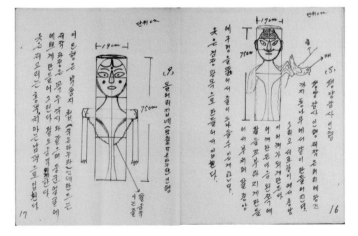

〈9〉 돌머리집네(꼭두각시부인) 인형

단위 cm

이 인형은 박첨지 첩(꼭두라부인)인데 이는 예쁘게 만들어 그린다.

옷은 치마저고리는 홍색치마 남색으로 입힌다.

17

〈5〉 평양감사 인형

단위 cm

옷은 정권 관복으로 만들어서 입힌다.

16

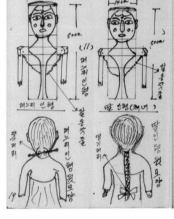

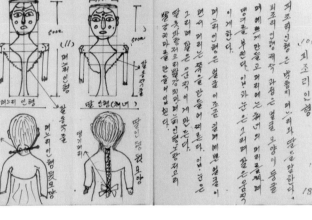

〈10〉 피조리 인형

피조리 인형은 박첨지 며느리와 딸이 맞선다.

피조리 인형 제작 과정은 얼굴 모양이 둥글
며 예쁘게 만들고 머리에는 쪽머리 머리로해서
땋은머리를 부친다. 입과 눈은 그려며 꼭은 연지로
이게 한다.

며느리 인형은 얼굴 이 조금 길며 예쁜 얼굴이
편서 머리는 쪽을 쳐서 만들어 머르든. 이를 그으
그리며 머리는 쪽을 쳐서 만들어 머르든. 이를 그으

단위 cm

14cm   14cm
50cm   50cm

팔움직줄

며느리 인형   딸 인형(처녀)

쪽머리   땋은머리

며느리인형 뒷모양   딸인형 뒷모양

19   18

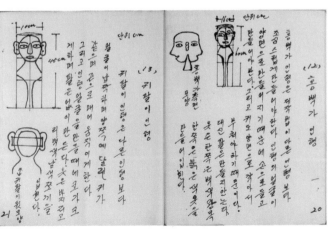

〈12〉 홍백가 인형

홍백가 인형은 좌우 반쪽이 다른 인형 보다
좀더 스럽게 만들어야 한다. 인형의 얼굴을
양면으로 만들어 지기 때문에 손으로 들고
그리고 키도 방큼으로 작아서
부처어 하기 때문이다.
대인 팔은 만들지 안는다. 옷은 한쪽은 적용을
한쪽은 색옷을
만들어 입힌다.

단위 cm

14cm
10cm

홍백가 얼굴 모양

20

〈13〉 키 팔이 인형

키 팔이 인형은 다른 인형 보다
달려 키가

얼굴이 남학과 여학 양쪽에
같으며 근으로 매어 움직이게 한다
그리고 인형 얼굴을 만들때 에 오가로
게 하며 팔은 없이 만든다. 옷은 바지저고
리 때 양선 남색 쪽기을

21

귀팔이 뒷모양

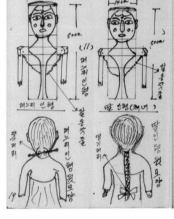

(14) 평양감사 사령 인형 (꽃골)

(15) 삼화 인형 (관장을 만든다)

23

22

(16) 박종지 조카 인형

(17) 박종지 손자 인형

조 카인형

손자 인형

(18) 영노 인형

얼모양

25

24

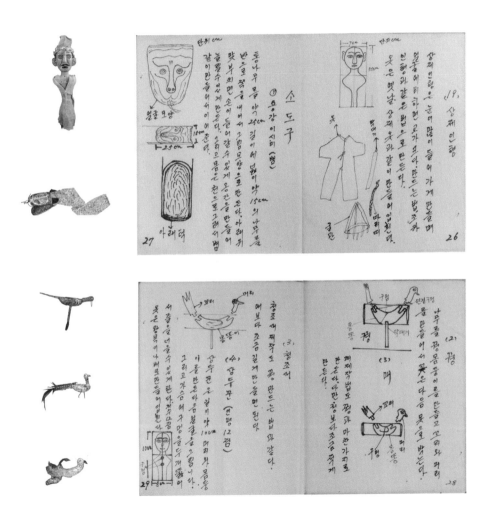

소도구

① 흥강이자리 (통)

얼굴모양

아래턱

27

19. 상제인형

26

(2) 꿩

(3) 매

연결구멍

꿩

꼬리 몸통 날개죽지

매

꼬리 몸통

28

청조와 매

(4) 장두꾼 (인형 12점)

장두꾼

몸통

29

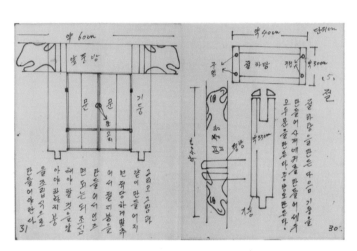

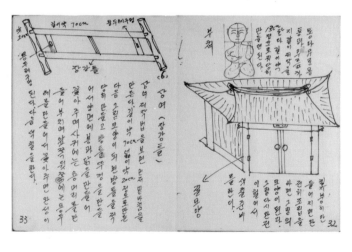

190

제공 손호성

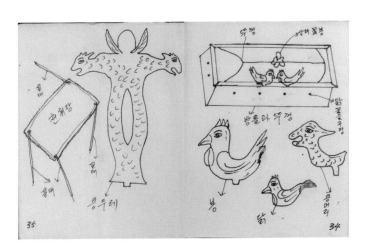

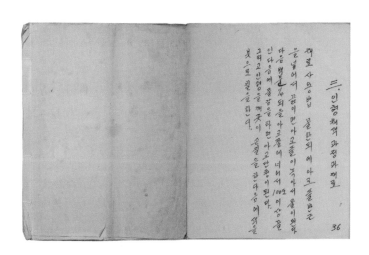

꼭두각시놀음의 인형은 사실적인 입체형이기보다 투박한 모양의
평면형으로 역할의 비중에 따라 크기가 다르다. 또 인형 그 자체의
표현양식 또한 비현실적이다. 비정상적으로 큰 홍동지의 성기,
이시미의 큰 입 등 작품에서 부각하려는 성격에 따라 표현한다.
대상을 현실적 크기에 비례하여 재현하는 것이 아니라, 의미가
있다고 판단되는 것은 크게 그리고 집중적으로 과장하고 있다.

(허용호, 『전통 연행 예술과 인형 오브제』, 민속원, 2003. p.423~426)

인형은 종류는 나무로 인형을 만들어 막대를 잡고 조종하는
막대기 인형, 천을 자루나 장갑처럼 만들어 그 속에 손을 넣어
조종하는 주머니 인형, 인형의 몸통에 줄을 꿰어 잡아당기면서
조종하는 줄타기 인형이 있다. 현재 전하는 꼭두각시놀음의
인형은 대부분 막대기 인형과 주머니 인형의 복합형으로 거칠고
단순하고 박력 있는 고전적 형태를 간직하고 있다.

(서연호, 『한국전승연희의 원리와 방법』, 집문당, 1997. p. 120)

<돌아온 박첨지> 인형의 종류

복합식 인형	막대기 인형	주머니 인형	줄타기 인형
박첨지 꼭두각시 홍동지 묵대사 피조리 덜머리집 평안감사	홍백가 상주 박첨지 손자 청노새 육방 사자 풍물패	상좌중 초란이 매호씨 이시미	매 상두꾼

중요무형문화재 제3 호 남사당놀이 보유자이자 인형 제작자 박용태 선생, 1975.6

	외 형	cm	크기
박첨지	섬세하고 입체적으로 표현된 이목구비, 살구색 얼굴에 이마와 볼에 주름살, 흰머리와 흰 수염, 흰 광목 장삼. 양팔, 아래턱을 움직인다.	100	대
꼭두각시	섬세하고 입체적으로 표현된 이목구비, 비뚤어진 눈, 코, 입, 이마와 볼에 주름살, 얼굴 전체에 무수한 점, 정돈되지 않은 검은 머리, 녹색 저고리에 검은색 누더기 치마. 양팔, 아래턱을 움직인다.	75	중
홍동지	그려진 눈과 입, 수염, 갸름한 얼굴과 얼굴 너비보다 더 넓은 어깨, 온몸이 붉은색, 머리에 상투, 사타구니에 커다란 남성의 생식기. 입술과 양팔이 움직인다.	85	대

			45	대
묵대사		섬세하고 입체적으로 표현된 이목구비, 살구색 얼굴에 코밑수염과 주걱턱, 눈가에 주름, 머리에 고깔, 회색 스님 옷. 양팔, 아래턱, 눈을 움직인다.	45	대
덜머리집		섬세하고 입체적으로 표현된 이목구비, 둥근 살구색 얼굴에 연지곤지가 찍혀있고, 머리는 쪽을 지고 비녀를 했음. 노란색 치마와 저고리. 양팔을 움직인다.	75	중
피조리		섬세하고 입체적으로 표현된 이목구비, 둥근 살구색 얼굴에 연지곤지가 찍혀있고, 며느리는 머리를 쪽을 지고 비녀를 했고, 노란 저고리에 녹색 치마(빨강 치마). 딸은 댕기 머리, 파랑 저고리(흰 저고리)에 빨강 치마. 양팔을 움직인다.	50	중
평안감사		섬세하고 입체적으로 표현된 이목구비, 살구색 얼굴에 코밑과 턱에 수염, 망건을 쓴 머리, 이마에 미세한 주름, 검정 광목옷.	75	중
작은 박첨지		박첨지와 같은 모습이나 짧은 흰 수염.	75	중
동방삭		박첨지와 비슷한 모습이나 짧은 흰 수염. 좁고 긴 살색 얼굴에 광대뼈가 나오고 긴 아래턱.	75	중
귀팔이		납작한 살구색 얼굴에 커다란 코. 귀를 움직인다.	45	중

홍백가			섬세하고 입체적으로 표현된 이목구비, 붉은색과 흰색 양면 얼굴 모두 콧수염과 턱수염, 이마와 볼에 주름.	60	중
박첨지 손자			섬세하고 입체적으로 표현된 이목구비, 살구색 얼굴에 이마와 볼에 주름.	35	소
박첨지 조카			약간 둥근 얼굴, 눈알이 밖으로 나오게 만든다. 눈썹과 눈 사이가 많이 들어가게 하고, 어깨만은 옷으로 팔을 만든다.	35	소
사령			섬세하고 입체적으로 표현된 이목구비, 눈, 입은 평면적이고 코와 귀는 입체적.	35	소
영노			입체적인 이목구비, 깡마른 살구색 얼굴, 커다랗게 벌린 붉은 입과 긴 코, 검은색과 붉은색이 섞인 콧수염과 턱수염, 울긋불긋한 옷.	35	소
상주			섬세하고 입체적으로 표현된 이목구비, 살구색 얼굴에 이마와 볼에 주름, 턱수염과 콧수염, 상복을 입고 머리에 굴건.	35	소
청노새			푸른 바탕에 검고 붉은 점.		소
꿩			꼬리와 머리는 따로 만들어서 꽂는다.		소

03 주머니 인형

상좌중		섬세하고 입체적으로 표현된 이목구비, 흰색 얼굴에 삼베 고깔, 하나는 검은 장삼에 붉은 띠, 다른 하나는 회색 장삼에 녹색 띠, 온몸을 움직인다.	25	소
이시미		머리, 얼굴은 나무를 깎아 만든다. 몸뚱이는 긴 자루를 부착, 전신에 울긋불긋한 칠, 눈알은 유리로 박고, 붉은 입안에 혀가 있다. 온몸을 움직인다.		중

04 줄타기 인형

매		흰 바탕에 깃털, 꿩보다 조금 작게 만든다.		소
상두꾼		길이 약 10cm의 머리와 몸, 가슴에 구멍을 두 개 뚫어서 줄을 넣는다. 개수는 12점. 옷은 광목이나 베.	10	소

공연에 등장하는 인형들은 1994년 꼭두각시놀음의 보유자로
지정된 박용태가 직접 제작한 인형을 기본으로 사용하였다.
색이 벗겨진 인형은 덧칠작업을 하였고, 팔이 자주 빠지는
홍동지와 4개의 절 기둥은 이음새가 많이 닳아 새로 수리하였다.
또한 놀이성을 강조하기 위해 풍물패, 버나, 줄타기, 사자탈 연행
인형을 새로 제작하였고, 풍자성을 확대하기 위해 시의성 있는
캐릭터의 인형이나 소도구를 추가로 제작하였다. 또한 장면을
풍성하게 하기 위한 인형을 제작했다.

풍물패는 빠른 장단인 마당삼채에서 휘모리장단을 연주하며
상모를 돌리고 풍물을 연주한다. 풍물패 인형의 진행순서 및
장단은 다음과 같다.

1. 마당삼채를 치며 포장막 위로 일렬로 등장한다.
2. 자진가락 연주하며 원으로 돈다.
3. 자진가락 연주하며 일렬로 서서 맺는다.
4. 장구 개인놀이를 휘모리장단에 맞춰서 연행한다.
5. 북 개인놀이를 동살풀이장단에 맞춰서 연행한다.
6 꽹과리 개인놀이를 자진가락장단에 맞춰서 연행한다.

초란이와 매호씨는 자기 몸집의 몇 배가 되는 버나로 던질사위, 때릴사위, 양사위, 곰방대사위 등 재주를 연행한다. 사자춤은 봉산탈춤의 5과장 사자춤을 새롭게 재구성하고, 사자 인형의 머리 부분과 꼬리 부분에 막대를 달아서 조종자 한 명이 연행한다. 윤가, 쥐와 닭, 세월호 등은 시의성을 고려하여 제작한 인형과 소도구이다. 육방과 상두꾼은 장면을 더 풍성하게 만든다.

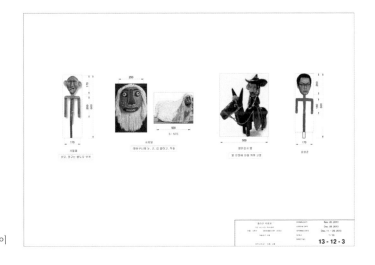

제작도면　손호성
제작　　　손호성 박현이

01 인형제작

	수량	내용
초란이	1	장돌뱅이 광대(풍각쟁이), 패랭이 갓을 쓰고 기본복에 홍색 쾌자, 삼색 띠를 두르고, 허리에는 작은북을 달고 버나를 돌리며 사설을 한다. 버나를 직접 시연한다.. 엉덩이 부분에 막대 나무로 움직임을 조정한다, 다리가 있다.
윤가(김가)	1	현대 패러디 인물로 나중에 홍동지에게 정치 당한다. 파자마 차림으로 등장하여 사설하고 옷을 벗으면 알몸이 된다. 현대 인물이다.
풍물패	4	상모를 쓰고 사물 악기를 둘러메고 남색 조끼, 기본복을 입고 판굿을 재현한다. 상모 직접 시현한다.
줄타기	1	꿩 털을 꽂은 모자를 쓰고 자주색 조끼에 기본 복을 착용하며 줄 위에서 다리를 자유롭게 사용한다. 엉덩이 부분에 나무 막대로 움직임을 조정한다.
말	1	평안감사의 말로 감사 행차 시 타고 등장한다. 서산 박첨지 놀이의 평안감사 인형이다.
육방	6	평안감사 행차 시 일행으로 등장하고 상여 거리에서 모자와 교체해서 상두꾼 코로스로 등장한다. 헬멧은 크레용 팝을 패러디한 것이다.
사령	2	전립을 쓴 사령으로 평안감사 일행으로 참여한다. 기존 인형들을 활용한다.
사자탈	1	평안감사 행차 시 일행으로 앞에서 흐느적거리며 놀리면서 행진한다. 이어서 단독으로 춤을 연행한다.
이시미	1	기존의 이시미보다 크게 확장한다.

02 소도구 제작

사물패 만장깃발	1	꿩장목, 용트림으로 이루어진 깃발 내용은 '돌아온 박첨지'이다.
버나	1	인형 크기에 맞게 버나를 제작한다.
기생 모자	1	머리에 쓰는 기생 모(어우동 모자)를 피조리나 덜머리집에 씌운다.
만장기	2	평안감사 행차 시 2인의 사령들이 선두를 이룬다.
열두발	1	인형 크기에 맞게 열두발을 제작한다.
줄타기 세트		작수목 사이로 줄을 걸어 줄타기 시연한다.
만장기 세트		글씨로 가득 채운 천을 대나무 깃대로 고정하고 되도록 많은 수량으로 교체 요망

03 기존 인형 수리

홍동지	1	팔이 헐거움, 고추가 자주 빠짐, 색이 벗겨짐, 방구 뀌는 기능 고려
상좌	2	손가락 크기에 맞게 조정 요망
평안감사	1	머리 전립으로 교체하고 매사냥 연행하기 위해 정리 요망
상여 세트		전체적으로 수리 요망
절 세트		흔들림이 많아 4개의 절 기둥 조절 요망, 문고리 필요

추가 제작된 인형의 종류와 크기

01 복합식 인형

		외형 역할	cm	크기
평안감사 말		전통 꼭두각시놀음에 나오는 관복을 입고 머리에는 전립을 착용. 말은 평안감사 행차 시 타고 등장하였다가 앞 무대에 나와서는 걸어서 나온다.	50	중

02 막대인형

		외형 역할	cm	크기
풍물패		상모 쓰고 사물 악기를 둘러메고 남색 조끼, 기본 복을 입고 판굿을 재현한다. 상모 직접 시현한다.	65	중
사자		평안감사 행차 시 선두에서 사자춤이 연행된다. 이는 봉산탈춤의 사자춤을 새롭게 재구성하였고, 사자 인형의 머리 부분과 후미 부분에 막대를 달아서 조종자 1명이 연행한다.	110 ×67	대
윤가		패러디 인물로 파자마 차림으로 등장하여 사설하고 옷을 벗으면 알몸이 된다.	61	중
육방		평안감사 행차 시 일행으로 등장한다.	81	대
상두꾼		상여 거리에서 등장하여 각설이 타령을 부르며 군무를 춘다.	81	대
쥐 닭		오조 밭에서 곡식을 쪼아먹은 청노새를 잡으려다 이시미에게 쫓겨 도망 나간다.	20	소

03 주머니 인형

		외형 역할	cm	크기
초란이		패랭이 갓을 쓰고 기본복에 파란색 조끼를 입고 있다. 버나를 돌리며 사설을 한다.	30	소
매호씨		장돌뱅이 광대(풍각쟁이). 흰색 두루마리를 입고 있다.	30	소
큰 이시미		기존의 이시미와 같은 생김새로 묵대사를 잡아먹고 대형 이시미가 된다.	135	대

우리의 전통공연은 야외에서 이루어진 경우가 대부분이었다.
판소리나 탈춤이 빈터를 이용한 즉석 무대가 가능하지만,
꼭두각시놀음은 가설무대가 필요하다. 꼭두각시놀음의 무대는
포장을 치고 놀이를 한다는 데서 그대로 포장이라고 부른다.

과거의 무대는 3미터 안팎의 평방에 네 기둥을 세우고, 무대
면이 되는 쪽만 1.2미터 정도의 높이 위에 인형이 나와서 노는
2.5×0.7미터 정도의 무대만 남겨놓고 사방을 모두 포장으로
둘러친 공중무대이다. 이것은 인형이 관객에게 잘 보이도록
하기 위해서이다. 이 무대 면 밖 약간 비스듬한 자리에 산받이와
악사들이 관중석과 거의 분리되지 않은 채 무대 면을 보고
앉아 놀이를 진행하였다.(심우성, 『남사당패 연구』, 동문선, 1989. p.178) 현재
꼭두각시놀음의 무대는 3.3×2미터의 대지 위에 네 기둥을
세우는데, 전면의 두 기둥은 3미터, 후면의 두 기둥은 3.3미터
정도로 해서 천장 포장이 앞으로 약간 경사지도록 한다. 무대
공간은 3.3×1.4미터 정도로 과거의 무대보다 인형이 움직이는
공간이 넓어졌다.(서연호, 『한국전승연희의 원리와 방법』, p.133)

포장에는 하늘색, 청색, 짙은 청색, 붉은색, 검은색의 천을
사용한다. 공중무대가 되는 부분의 천정과 후면, 양 옆면은 청색

천(하늘색)을 치고, 전면 상단부 0.3미터 가림막과 양옆 기둥은
붉은 천으로 감싼다. 이것은 자연적인 채광을 받아들이면서
인형의 움직임을 돋보이게 하려는 의도이다. 공중무대가 되는
하반부는 사방을 모두 짙은 청색 천(바다색)으로 둘러치고, 전면
하반부 1.3미터 부분만은 청색 천 위에 검은 천을 위에서부터
밑으로 내려친다.

산받이와 악사의 위치는 공중무대와 관객석 사이에서 서로를
연결하고 전체적인 무대의 개념을 확장한다. 평면적인 인형
무대가 악사 석까지 이어져 입체적이고 개방적인 무대로
인식된다.

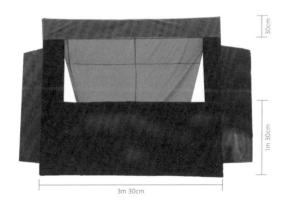

극장 무대 | 다층구조 무대

손호성
무대 디자이너

우리 전통 놀이 공간인 마당은 객석과 무대가 뚜렷한 구분 없이
자유롭게 확장되고 서로 넘나드는 열린 공간의 개념인 데 비해
극장 공간은 폐쇄적이다. 따라서 관객의 시선을 고려한 극장의
문법으로 바꿔야 한다. 실내의 극장 공간에서는 구현하기 힘든
연희의 요소들도 있지만, 한편으로는 조명이나 음향, 무대 기술
등을 이용한 다양한 장면을 연출할 수 있다.

전통 꼭두각시놀음 극을 마당에서 극장 공간으로 옮기면서,
시각선 확보를 위해 포장의 높이와 폭을 확대했다. 또한, 다양한
연희를 연출하기 위해 포장 안의 공간도 넓어져야 했다.
그리고 시각과 소리 전달의 문제 해결을 위해 계단식으로 다층의
무대를 구성했다. 이는 우리의 전통 놀이가 펼쳐지던 마을의 뒷산
또는 언덕의 개념과도 연결된다.

포장막이 높아지면서 의자에 앉아서 조종하던 연희자들이
서서 움직이며 자유롭게 인형을 조정하게 된다. 따라서 인형의
움직임과 동선도 다양해진다. 포장막이 넓어지면서는 최대 8명의
연희자가 동시에 등장할 수 있게 되면서 다양하고 풍성한 장면을
연출할 수 있다. 또 포장 안의 공간을 여러 겹으로 만든 다층
무대로 입체적이고 기능적인 장면을 만들 수 있게 했다.

무대 배경에 만석중 놀음을 도입했다. 십장생 중 하나인
소나무와 해, 달, 구름, 잉어 등을 그림자극 형태로 만들어
리허설을 시도했는데, 돌아온 박첨지 시즌 3 공연 때는
전환수의 부족으로 우선 소나무와 잉어만 사용했다.

조명에 따라 속이 비쳐 보이는 무대막을 만들어 막 안에서
연희하는 배우들 모습을 보여주면서 관객들의 관심도
더 끌고, 무대 안에서 일어나는 일들을 보여주려고 했다.
커튼콜에서는 배우들의 얼굴도 제대로 보여줄 수 있었다.

1m 70cm

5m

무대 제작도면 | <돌아온 박첨지> 예술공간 서울, 2013

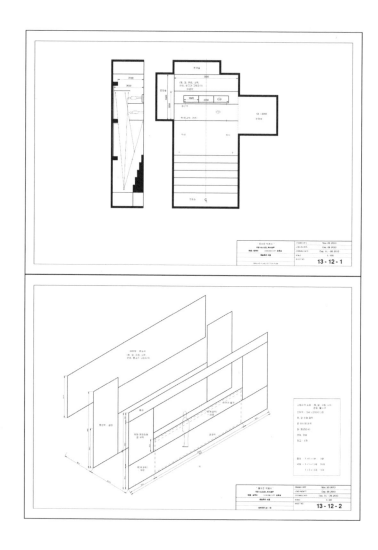

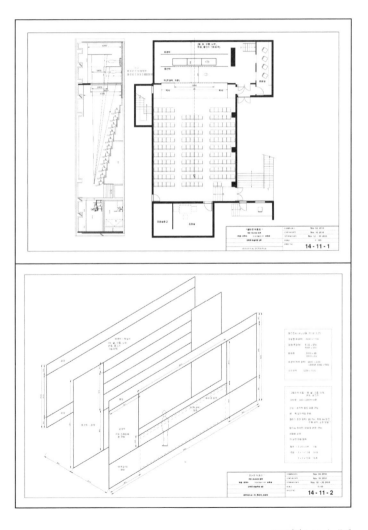

<돌아온 박첨지 시즌 2> 대학로예술극장 3관, 2014

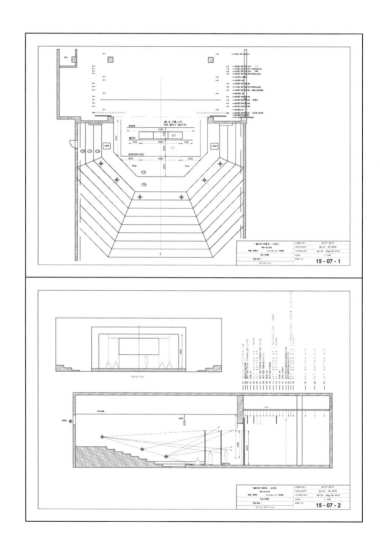

제작도면　　손호성

음악 | 음악적 구성

김기태
음악 감독 · 유쾌한 악당(樂黨) 대표

인형극인 꼭두각시놀음에서 음악적 구성은 두 가지로 나누어
볼 수 있다. 하나는 인형을 조종하는 이들이 독창하거나 악기
연주자들과 합창하는 성악곡이다. 다른 하나는 꽹과리, 징, 북,
장구 등의 타악기와 선율악기인 태평소로 탈춤의 선율과 흡사한
타령, 굿거리 등의 반주 음악이다.

성악곡   꼭두각시놀음의 시작 부분에서 부르는 '떼이루 떼이루'는 인형
조종자인 대잡이가 구음조로 부르는 노래이다. 박첨지 유람
거리에서 팔도강산유람가는 판소리 단가 팔도유람가와 흡사하다.
꼭두각시 거리에서 꼭두각시와 박첨지가 극적으로 만나는 장면인
보괄타령은 봉산탈춤의 미얄과장 소리와 흡사하다. 이시미
거리에서 부르는 성악곡은 20세기 접어들어 끼어든 노래이며 각
지역의 대표적이면서도 대중적인 통속민요인 잡가를 부른다.

<돌아온 박첨지>에서는 전통 꼭두각시놀음의 성악곡에서 크게
변화하지 않고 대부분 그대로 사용했으나 피조리 거리에서 기존
민요인 밀양아리랑 대신 대중가요인 찰랑찰랑을 불렀다.

꼭두각시놀음에서 불리는 성악곡은 극의 내용을 관중들에게
전달하기도 하고 부르는 이의 신분 등을 암시하기도 한다.

또 극의 진행이나 인물의 설정과는 상관없이 극을 구경하는
이들의 흥을 돋우는 역할을 하기도 한다. (임혜정, 「꼭두각시놀이의 음악 연구」,
『고전희곡연구』, 제13집, 한국고전희곡학회, 2006. p.347)

이는 관중과 분리되어 행해지는 것이 아니라 관중을 극 속의
흥겨움으로 끌어들여 연극의 세계로 동참시키는 역할을 한다.

반주음악 꼭두각시놀음에서 사용하는 악기는 꽹과리, 징, 장구, 북, 태평소
등이다. 이전에는 태평소 대신 피리가 사용되기도 하였다. (심우성,
『남사당패 연구』, p.179) 태평소나 피리는 꼭두각시놀음이나 가면극, 춤,
굿 등에서 선율을 담당하였다.

꼭두각시놀음에는 염불, 타령, 굿거리 등의 기악곡들이
사용되며, 모두 장단 이름이자 곡명이다. 이 장단들은 황해도와
서울, 경기 지역의 가면극에서도 많이 사용된다. 굿거리는
인형이 춤을 추거나 성악곡을 부를 때, 타령은 인형이 춤출 때,
자진모리장단과 휘모리장단은 장면전환이나 공연의 거리를
이어줄 때, 휘모리장단은 인물들이 대립하거나 긴장감 있는
분위기를 연출할 때 사용한다.

<돌아온 박첨지>에서는 전통 꼭두각시놀음의 성악곡을 비중
있게 사용하지만, 연주곡은 극의 흐름에 맞게 악기편성 및
장단을 적극적으로 재구성하였다. 꽹과리, 징, 장구, 북, 태평소
등 전통 타악기와 선율악기를 중심으로 연주하고 특수 타악기를
추가하였다. 나발, 나각, 우드블록, 카우벨 2개, 스프링드럼,
비브라슬랩, 귀로, 심벌 세트(라이드 22인치, 크래쉬 18인치,

스플래쉬 10인치), 모듬북, 스네어드럼 등 특수 타악기를
사용하여 각 장면에 다채로운 음향효과를 연출함으로써 작품의
분위기를 고조시킨다.

꼭두각시놀음에 사용되는 음악들은 각 장면에서 인물의 솔직한
감정이나 심리를 그대로 드러내면서도 그것들이 하나의 전체적인
연극적 질서 속에 재편성한다. 즉 성악곡과 연주곡을 통해
등장인물의 성격, 극적 갈등과 해결 양상, 당대 사회상 및 비판적
기능도 수행한다.

.

꼭두각시놀음과 <돌아온 박첨지>의 성악곡과 반주음악의 비교

	연주형태	꼭두각시놀음	돌아온 박첨지
앞놀이	성악곡	어허~ 어허 떼이루 떼이루	
	반주음악	자진모리	
제1 거리	성악곡	팔도강산 유람가	
	반주음악	중중모리	
			자진모리
			휘모리(풍물패)
제2 거리	성악곡	니나누난실	
	반주음악	타령(상좌중 춤)	
		휘모리 (홍동지와 상좌중 대결)	
제3 거리	성악곡	보괄타령 세간타령	
	반주음악	굿거리(노래)	
		자진모리	
제4 거리	성악곡 잡가 (지역 통속민요)	밀양아리랑(피조리1) 창부타령(피조리2)	까투리 타령(손자) 찰랑찰랑(피조리1, 2) 어화세상(꼭두각시)
		어랑타령(홍백가) 축원덕담(묵대사)	
	반주음악	휘모리(홍동지와 이시미 싸움)	
제5 거리	성악곡	평안감사 매사냥	
	반주음악	굿거리(평안감사 행차)	
		휘모리(매사냥)	
제6 거리	성악곡	상엿소리 각설이 타령(상주)	
	반주음악	요령	
제7 거리	성악곡	절 짓고 허는 소리	
	반주음악	중모리 자진모리	

| 악보

채보 및 편곡   김동욱

연희본 | 돌아온 박첨지

김학수

1. 김학수 연희본 <돌아온 박첨지>의 여러 공연 대본을 비교 정리하여,
이 책에 실린 대본을 '정본'으로 삼는다.
2. 본 대본은 심우성 채록 본을 중심으로 판소리 사설과 각각의 탈놀이
민속극을 비교 분석하여 구성하였다.
3. 이해가 어려운 원본 재담은 쉽게 풀어서 재구성하였다.
4. 사물놀이패, 초란이, 매호씨, 줄타기 인물, 육방 등 새로운 인형을 창작하여
풍물놀이, 버나놀이, 줄놀이와 같은 남사당놀이의 여러 요소를 접목하여
극적 재미를 추구하였다.
6. 그 외에 시의성 있는 인물의 인형과 모형을 추가하여 전통 인형과 조합하여
우리 사회의 민감한 뉴스들과 사건들을 끌어와 풍자하고 비판하는 재담을
구사하였다.
7. 풍물, 버나, 줄타기, 사자 탈춤 등에서 다양한 음악을 차용,
선창과 합창을 적절히 구사하려고 편곡을 하였다.
8. 기존 사물 악기에 다양한 타악기를 추가하여 라이브로 연주하여
단조로운 음색을 보완하려 했다.

정리   조원종
          김기태

프롤로그

　　관객입장. 공연시작 전 악사 연주

　　관객이 입장하고 공연 시작 전

　　<줄타기 시연 준비 중>

　　악사는 준비 된 곡과 연주를 이룬다.

제1 거리

박첨지 유람 거리

　　흐드러지게 사물연주가 흐른다.

　　자진모리장단에서 휘모리장단으로

　　전환한다.

대잡이　　어허허 아 헤헤

산받이　　어허허 아 헤헤

대잡이　　(唱) 떼이루, 떼이루, 띠어라, 따

　　　　　떼이루, 떼이루, 떼이루, 야하

산받이　　(唱) 떼이루, 떼이루, 띠어라, 따

　　　　　떼이루 떼이루 떼이루 야하

　　부채를 앞세우고 인형들이 등장하여 인사를

　　이룬다. 타령장단이 흐르면서 박첨지를 앞세워

　　전체 인형들이 합동 춤을 이룬다.

박첨지　　어허허 아 헤헤

산받이　　어허허 아 헤헤

박첨지　　어흠! 어흠! 아따 아닌 밤중 가운데

　　　　　사람이 많이 모였구나.

산받이　　아닌 밤중 가운데 사람이 많건 적건,

　　　　　웬 영감이 남의 놀음처에 나와 난가히

　　　　　떠드시오?

박첨지　　날더러 웬 영감이 남의 놀음처에

　　　　　나와서 난가히 떠드느냐구?

산받이　　그려.

박첨지　　허허허! 여보게 내가 웬 영감이

　　　　　아니라, 내가 살기는 저 웃녘 산다.

산받이　　저 웃녘에 산다는 걸 보니, 한양

　　　　　근처에 사는가 보네.

박첨지　　아따! 그 사람이 알기는 소궁두리 밑에

　　　　　막을 짓고 살았나. 오뉴월 똥파리처럼

　　　　　무던히 아는 척하는구나.

산받이　　알만하지. 그럼 한양으로 일러도 팔 문

　　　　　안에 억만 가구가 다 영감네 집이란

　　　　　말이여?

박첨지　　아하! 여보게! 한양으로 일러도

　　　　　팔 문 안에 억만 가구가 내 집일 리가

　　　　　있겠는가, 내 사는 곳을 저저히 일러줄

　　　　　터이니 똑똑히 들어보게.

산받이　　그러이.

박첨지　　저 남대문 안에 썩 들어갔겠다.

	일관헌, 이목골, 삼청동, 사직골, 오관헌,
	육조앞, 칠관헌, 팔각재, 구리개, 십자가,
	갱병들이 만리재, 낙양장터 이화장터,
	오리대 골목을 다 제처 놓고, 아랫벽동
	웃벽동 다 제처 놓고, 가운데 벽동 사는
	박한량 박주사라면 세상에 모르는 사람
	빼놓고는 다 안다.
산받이	여보 영감! 아랫벽동 웃벽동 다 제처 놓고,
	가운데 벽동 사는 박한량
	박주사라면 세상에 모르는 사람 빼놓고는
	다 안단 말이요?
박첨지	그려.
산받이	그럼 여긴 무슨 일로 나왔소?
박첨지	여보게! 내가 무슨 일이 아니여. 아,
	나도 며늘아기가 차려주는 저녁 진지
	한 상 차려 잡숫고, (리듬에 맞추어)
	목침을 돋우베고, 가래침을 곤돌리고,
	길다란 담뱃대에 불 다려 물고, 가만히
	누웠노라니까! 어디서 뚱! 뚱! 북소리에
	꽹메기, 장구소리가 나잖아. 야! 이거 어디서
	놀이패가 왔구나 해서, 내 이렇게 구경
	나왔네.
산받이	아! 영감이 뚱! 뚱! 북소리에 노는 신명이
	있구만 그래. 그렇다면 이 마당판에
	나와서 어찌어찌 놀았는지

소상히 알려주시오?

박첨지 내 어찌어찌 놀았는지 그 내역을
소상히 일러 달라고?

산받이 그려.

박첨지 그럼 일러주지. 내 놀이마당에 당도하니
어여쁜 풍물패거리들 사물악기
둘러메고 벙거지를 요란하게 돌리며
오락가락하는구나.

'사니너머' 만장을 앞세운 풍물패 인형들이
등장하여 흐드러지게 논다.

(태평소, 쇠, 징, 장구, 북)

박첨지 아! 잘 치고 잘 논다. 박수 한번 주소.
야, 장구 치는 놈!

장구잽이 나 불렀소? (중앙으로 나온다)

박첨지 야, 너 잘 치대! 현란한 장구소리 다시
한번 들어 보자꾸나.

장구잽이 아따, 이 영감탱이 보는 눈은 있구먼.
어럴럴럴 니기럴꺼

질풍노도와 같이 휘몰아치는 장구
덩 덩 궁다쿵 궁따궁따 궁따쿵
(현란한 개인기 선사한다)

박첨지	아이구! 잘 친다, 잘 쳐. 그래, 내 돈
	만 냥 넣어주고, 거 가슴을 퉁퉁 울리는
	북 치는 이놈도 가만히 있을쏘냐.
북잽이	얼씨구, 내 어디 한번 땡겨볼까.
	얼럴럴럴 니기럴꺼

우레와 같은 천둥소리의 소유자 북소리렸다.
설그덩 둥덩둥 웃덩웃덩 웃덩덩
현란한 개인기 선사한다.

박첨지	캬~ 너 잘 친다, 잘 쳐. 그래서 내 마음을
	주고,
징잽이	오두방정을 떨며 들이댄다.
	나두 나두 나두.
박첨지	아따, 요년 요사를 떠는구나.
	너두 한번 놀아보라.
징잽이	어럴럴럴 니기럴꺼

구름과 바람을 가르고 울려 퍼지는 징수
징~ 집징집집
현란한 개인기 선사한다.

박첨지	얼씨구 잘이 헌다. 잘혀! 그래 돈 만 냥
	주고,
쇠잽이	(어느새 박첨지 옆에 다가와)

	어허, 이거 뭐여. 얼 럴럴럴 니기럴꺼
박첨지	아따, 생긴 건 기생 오래비 같이
	생겨가지고. 그래그래,
	부포짓 너울너울거리며 요란한 꽹과리
	소리 한번 들어보자꾸나.

우주를 아우르며 비수를 꼽는 현란한 소리
꽹과리
깽 개갯 웃개갱 갱집
현란한 개인기 선사한다

박첨지	얼씨구절씨구 잘 헌다. 박수 한번 쳐주소?
	(박수 소리 듣고) 옛다, 돈 만냥이다.
	어럴럴럴 니기럴꺼
	아! 그리고 여보게. 여기 오신 손님들
	막걸리 받아 대접하고 흙 쓰듯 물 쓰듯
	내 질펀하게 한번 놀았네.
	어럴럴럴 니기럴꺼
산받이	아! 그러니까 영감님이 여기 오신
	손님들 막걸리 받아 대접하고 흙 쓰듯 물
	쓰듯 질펀하게 한번 놀았다고?
박첨지	그렇지.
산받이	야하! 거 다 입으로 하는 말이여?
박첨지	허! 그럼 자넨 똥구멍으로 말하냐?
산받이	그러이. 난 똥구멍으로 말한다.

박첨지	옛끼, 여보슈! 여보게, 이건 모두 이 놀음판에 웃자고 떠드는 재담이렸다.
산받이	아하! 재담이란 말이지.
박첨지	여보게! 자, 우리 이런 시시풍덩한 얘긴 다 던져 버리고 소문만복래라고 웃으면 복이 온다고 했네. 우리 다 같이 한번 크게 웃어보고 시작합시다.
산받이	거, 좋은 말씀. 우리 다 같이 크게 웃어봅시다. 하하하!

일동 웃는다. 혹 관객 반응이 적으면 "세상 살기가 뻑뻑한가 반응이 왜 이따구야" 하며 다시 한번 유도한다.

박첨지	(헛기침) 여보게! 나 말을 많이 했나 보네. 목도 칼칼하니 나 잠깐 들어가서 막걸리 한 잔 먹고 나오겠네.
산받이	그러시오. 어럴럴렁 니기렁꺼

박첨지가 퇴장하면서 자진모리장단으로 사물 연주가 흐른다.

제2 거리
피조리 거리

피조리1, 2	(唱) 니나누 난실 나니네 난실, 니나니 난실, 나니네 난실

중모리장단 무곡 연주에 피조리1, 2와 상좌가 어울려 타령장단에 춤춘다. 이어서 한참 여흥이 진행될 때 홍동지가 뒤 무대에서 등장하여 내려다보다가 이내 앞 무대 한켠으로 등장하여

홍동지	어라! 저 중놈이 분명히 중이면 산간 절에서 불도나 닦을 것이지. 속가에 내려와 계집 둘씩이나 데리고 농탕을 치네. 여보게! 어리게~

악사 급박한 휘모리장단으로 바뀌고 피조리들을 내쫓고 상좌중들과 대결을 하며, 상좌중들 이내 내쫓겨 들어간다. 이어서 홍동지는 객석을 멀건이 쳐다보다 객석에 오줌을 갈기고 퇴장하고 이어서 자진모리장단에 꼭두각시가 나온다.

제3 거리

꼭두각시 거리

꼭두각시	아하! 여보게! 한상 놀세.
산받이	그러세. 아이구! 이건 또 뭐야?
	어찌 그리도 못생겼는감? 만들다 만
	반죽같고 씹다 버린 껌같고.
	야! 드럽게 못생겼다.
꼭두각시	야, 이 양반아! 쓰레기를 먹었냐?
	주둥아리가 왜 그렇게 지저분하냐?
산받이	뭐여? 내 주둥이가 지저분하다고?
꼭두각시	어따 대고 못생겼다고 그러냐?
	얼굴이란 목탁 모양으로 뺀들뺀들해서야
	남에게 귀여움을 못 받는 법이니,
	자고이래로 절세미인의 얼굴이란
	이목구비가 들어갔다 나갔다 대개
	대산준령같이 곰보가 미인이니라.
산받이	말은 청산유수같이 잘하는구면, 그럼
	곰보는 왜 곰보라고 이름을 지었수?
꼭두각시	그 내력을 이를 터이니 들어봐라.
	(唱) 못난 사람을 바보
	키 작은 사람을 땅딸보
	뚱뚱한 사람을 뚱보
	꾀 많은 사람을 꾀보
	수염 많은 사람을 털보

	곰팡이가 슨 사람을 곰보라고
	하느니라
산받이	아이구 참 우스워 죽겠네.
꼭두각시	우스워 죽어? 웃고 죽으면 썩지
	않는다더라.
산받이	그나저나 여기에는 뭣 하러 나왔소?
꼭두각시	아이구! 내 정신 보게, 자네 혹시 우리
	영감탱이 봤나?
산받이	자네 영감탱이? 나 못 봤지.
꼭두각시	여보게! 내가 우리 영감이 집을 나간
	지가 수삼 년 되어 혹시, 이리 사람
	많은데 우리 영감이 있나, 내 한번
	불러보겠네.
산받이	어디 한번 불러보시오.
꼭두각시	그럼 불러보겠네.
	(唱) 여보 영감 ~~ 영감
	박첨지 등장하며
박첨지	(唱) 여보게 할멈~~ 할멈
꼭두각시	아이구! 영감이요?
박첨지	아! 그 할멈이요?
꼭두각시	여러 해포 만이구려.
	(唱) 잘 되고도 잘 되었소
	영감 꼴이 잘 되었소

정주 탕관은 어디다 두고 대갈백이에
개가죽 감투가 웬 말이요?

박첨지 거 다 할멈 없는 탓이지.

꼭두각시 (唱) 잘 되고도 잘 되었소
영감 꼴이 잘 되었소
청사 도포는 어디다 두고 이 너덜너덜한
누더기 광목 장삼이 웬 말이요?

박첨지 그도 다 할멈 없는 탓이지.

꼭두각시 여보 영감! 젊어 소싯적에는 어여쁘고
어여쁘던 얼굴이 네에미 부엉이가
마빡을 때렸나. 웬 털이 그렇게
수북하오?

박첨지 야! 야! 너도 젊어 소싯적에 어여쁘고
어여쁘던 얼굴이 율묵이가 마빡을
때렸나. 우툴두툴한 (리듬에 맞추어)
땜장이 발등 같고, 보리 먹은 삼잎 같고,
비틀어지고, 일그러지고, 찌그러지고, 왜
그렇게 못생겼냐?

꼭두각시 여보 영감! 그런 말 마소. 영감을
찾으려고 (리듬에 맞추어) 방방곡곡
얼게빗 참빗새새 다 찾아다니다가 예~
먹을 것이 없어서 저 강원도 괴미탄에
들어가서 도토리 밥을 먹었더니 얼굴이
요 모양 요 꼴이 되었소.

박첨지 아따! 그 여자 능글능글하기도 하다.

꼭두각시 여보 영감! 오랜만에 만나서 싸우지만
말고 같이 들어갑시다.

박첨지 야! 야! 이리와. 자네가 나간 지
수삼 년이 되어서 늙은 내가 혼자 살 수
있던가. 그래 내 작은집을 하나 얻었네.

꼭두각시 옳지! 옳지! 내 알았소. 영감이 나간 뒤로
알뜰살뜰 모아가지고 작은 집을 한 칸
샀단 말이지요?

박첨지 왜 기와집은 안 사고?

꼭두각시 그럼 뭐 말이요?

박첨지 그런게 아니라 작은 마누라를 하나
얻었단 말이다.

꼭두각시 옳지! 옳지! 내 알았소. 나랑 김장김치
오순도순 담아 먹고 싶어 마늘을 몇 접
샀단 말이죠?

박첨지 왜 후추 생강도 어떻고?

꼭두각시 그럼 뭐 말이요?

박첨지 자 자 이리 와! 내 말 똑바로
들어봐라. (꼭두각시 귀에 대고)
작은 여편네는 아느냐?

꼭두각시 옳지! 옳지! 내 알았소. 나랑 영영
안 볼줄 알고 작은 여편네를 하나 얻었단
말이죠?

박첨지 아따! 삼일 강아지 눈뜨듯 이제야
알아듣느냐?

꼭두각시	여보! 여보! 기왕지사 그렇게 되었으면 작은 마누라 인사나 시켜주시오?
박첨지	뭐여? 인사! (산받이를 향해) 아하, 여보게!
산받이	왜 불러요?
박첨지	허허! 이 꼴에 작은 마누라 인사를 시켜달라네.
산받이	암요, 시켜주셔야죠. 명색이 조강지처인데 작은 마누라가 나와서 인사해야지.
박첨지	그럼, 인사를 시켜줘야 하나?
산받이	아! 그럼 시켜줘야지.
박첨지	(꼭두각시를 돌아보며) 그럼, 인사를 시켜줄 테니 저리 돌아섰거라.
꼭두각시	왜 돌아서라 그러우?
박첨지	옳는다, 옳아.
꼭두각시	뭐가 옳아요?
박첨지	얼굴이 옳는다 말이여! 저리 돌아서 이쪽으로 돌아보면 안 돼! 너 거기 꼼짝 말고 있어. 인사를 시켜줄 테니.
박첨지	(唱) 용산삼개 덜머리집네 거드럭~~거리고 나오거라
덜머리집	(경쾌한 타악 리듬에 등장하면서) (唱) 나는야 얼굴이 돋아 올라오는 반달 (아이구 요걸 깨물어 먹을까)

나는야 엉덩이 뒤태가 야들야들
(아이구 요걸 꼬여 찰까)
나는야 아흥~~나는야 아흥~~
(아이구 나 어떡허니~~~벗어라 어여
벗어라)

박첨지	아이구야, 나 환장하겠구나. 나 급허다 급혀야~

박첨지 덤벼들 듯이 덜머리집의 옷을 벗기려고
야단법석을 떨고 있으면 꼭두각시 씩씩거리며
분하게 쳐다보다가 이내 박첨지의 뒤통수를
갈긴다.

꼭두각시	아니, 이 영감탱이야! 지랄 염병하고 자빠졌다.
박첨지	엥! 엥! (객석을 흩어보고 나서 헛기침을 하며 덜머리집을 향해) 어흠! 어흠! 야, 이거봐! 저기 저 큰마누라를 이제사 만났네. 그러니 자네가 가서 먼저 인사를 해야지. 응?

덜머리집이 꼭두각시를 쳐다보다가
홱 토라진다

박첨지	아이구! 그렇게 돌아서면 되나? 자자,

그러지 말고 어서 가서 인사 해여?

자자! 나랑 같이 가자.

(어깨동무하고 꼭두각시에게 다가가서)

야! 야! 여기 작은 마누라 나왔으니

인사, 정신 차려 받아야 될 것이다. 그럼

나는 잠깐 들어갔다 온다. 어흠!

박첨지 퇴장하고 효과음과 함께 덜머리집
꼭두각시에게 인사하려다 머리로 받아버리면서
싸우면 박첨지가 등장하여 말린다.

꼭두각시	아이구! 아이구! 여보, 무슨 인사가
	이런 인사가 있소? 인사 두 번이면
	대가리가 빠개지겠소.
박첨지	그러기에 인사 정신차려 받으라 했지.
	(덜머리집에게) 잘했어, 잘했어.
	허허허.
꼭두각시	여보, 영감! 이꼴저꼴 내사 다 보기 싫소.
	난 강원도 금강산으로 중이나 되러
	갈라오.
	(唱) 나 돌아가네, 나 돌아가네
	나는 싫소, 나는 싫소
	나 돌아가네, 나 돌아가네

꼭두각시 들어간다

박첨지	(唱) 잘 돌아가거라, 잘 돌아가거라
	가다가 개똥에 미끄러져 쇠똥에다 코나
	박고 디어져라.

(덜머리집을 돌아보며) 야! 야! 이거봐! 이젠
큰마누라도 갔으니 너하고 나하고 둘 뿐이여.
우리 뽀뽀 한번 하자구나.

산받이	야, 이 영감아, 우린 안보이냐? 꼴보기
	싫어 죽겟네.

박첨지와 덜머리집 장단에 맞추어 춤동작을
이루고 이내 멈추고 객석을 향해

박첨지	(관객을 향해) 어허! 어딜 넘봐! 넘볼 걸
	넘봐야지. 하긴 니가 뽀뽀를 해 봤것냐?
	안 되겠다. 자, 아가야. 손님들 손 탄다,
	손 타. 우리 들어가서 놀자. 들어가 놀자.
	어여 들어가자.

마당삼채 사물장단이 흐르면서 박첨지와
덜머리집 퇴장한다.

제4 거리
이시미 거리

사물장단이 휘모리장단으로 바뀌면서 이시미 등장하고, 위층 무대에서 배가 지나가다 옆으로 쓰러지며 물속으로 가라앉으며, 배 앞머리만 에어백과 함께 떠다닌다. 이어서 새소리에 청노새가 나와서 까불고 쥐와 닭이 등장하여 괴롭히면, 미리 나와 있던 이시미가 청노새를 잡아먹는다. 박첨지 손자 등장.

산받이	너는 누구여?
박첨지 손자	나는 박첨지 손자다.
산받이	아, 니가 박첨지 손자야?
박첨지 손자	아 응.
산받이	아, 근디 얼굴이 고따구로 오종종하게 생겼냐?
박첨지 손자	뭐? 내 얼굴이 오종종하게 생겼다구?
산받이	그려.
박첨지 손자	야! 이놈아.. 잠깐만, 너 놈이 아니라 니 년~?
산받이	야야야! 아니, 왜 이리 싸가지가 없어. 왜 이렇게 싸가지가 없냐?
박첨지 손자	내가 왜 이렇게 싸가지가 없냐하면 내 나이가 많아서 그렇다.

산받이	니가 나이가 많아? 그래, 니 나이가 몇인디?
박첨지 손자	내 나이? 여든두 살.
산받이	여든두 살? 얼씨구! 그럼 니 할애비는?
박첨지 손자	우리 할아버지는 열 두살, 우리 아빠는 열 살, 우리 엄마는 다섯 살~ 하하하하하하~ 하하하하하하~.
산받이	그만 처웃어. 이 놈아! 아주 콩가루 집안이구만 그래. 그려 넌 여기 뭐하러 왔냐?
박첨지 손자	아하, 오조밭에 새가 많다길래, 새 구경하러 나왔지!
산받이	그럼 새나 구경하시게.
박첨지 손자	까투리~ 까투리~ 까투리 까투리 까투리 까투리 까투리 사냥을 나간다 우이여! 전라도라 지리산으로 까투리 사냥을 나갈까 말까 나갈까

이시미에게 잡아 먹힌다.

피조리1,2	우이여! 우이여!
산받이	아이구! 웬 이쁜이들이냐! 너희는 누구여?

피조리1,2   우리는 박첨지 딸래미들.

산받이   아! 박첨지 딸래미라고?

피조리1,2   그렇지.

산받이   어째, 생긴 게 똑같이 생겼는데,
아니 누가 누군지 어떻게 구분허냐?

피조리2   아하! 난 시집가서 (뒤로 돌아 손으로 쪽을
가리키며) 쪽졌지요.

산받이   그래, 니들 소리 잘하고 춤 잘 춘다고
장안에 소문이 자자하던데?

피조리1   그래, 우리가 바로 장안에 소문난 쌍방울
자매!

산받이   오라! 니들이 바로 쌍방울 자매구나. 그럼
여기에 나온 김에 한번 놀아봐라.

피조리1   우리가 소리하고 춤추면 당신 똥구녕 쳐.
호.호.호. (같이 웃는다)

산받이   허! 허! 내 똥구녕을 쳐? 아하! 나 미친단
말이지?

피조리1,2   똥딱기 똥딱, 또동 닥기 똥닥
(춤을 춘다)

산받이   내 똥구녕 장단 두드릴 터이니
그럼 한번 해봐라.

피조리2   그럼 할 테니. 똥구녕 간수 잘하시오.
(唱) 찰랑찰랑 찰랑대네
잔에 담긴 위스키처럼
그 모습이 찰랑대네

사랑이란 한 잔 술이던가
오오오 그대는 나를
취하게 하는 사람이었고
가까이에서 이 마음을
자꾸 흔들었어
촉촉이 젖은 눈빛 하나로
이 마음을 적셔 주었어
그것이 사랑이라면
이 순간 모든 것 다 줄 수 있어

노래를 부르면 인형들 모두 등장하여 난장판을
이루며 합창을 이루다 이시미에게 피조리1, 2
잡혀 먹힌다.

박첨지   아따, 한참 신나게 놀고 있었는데. 야야야,
우리 홍대 클럽 가서 놀자, 홍대.

산받이   에라, 영감탱이야. 니 딸들 잡아먹은
것이여.

홍백가   우이여! 우이여! 아 취한다.

산받이   이건 뭐 술 주태백이가 다 나왔어?

홍백가   내가 외상 술값 잘 떼먹는 사람이다.

산받이   외상 술값을 잘 떼먹어? 어떻게
떼먹어?

홍백가   외상 술값을 어떻게 떼먹느냐면 일단
술집에 가 술을 잔뜩 먹거든. 그러고 나서

	술집 주인이 계산을 하라고 하면 (홱 돌아서며) 내 언제 술을 먹었나?
산받이	아 참! 그렇군! 고놈 참 웃기는 놈이네.
홍백가	그렇지! 자네도 시간 있으면 이 술 한잔하려나?
산받이	됐다. 나는 아직 술맛을 모른다.
홍백가	허허! 모르는 소리. 요즘 같은 세상에 누가 술을 맛으로 먹나? 세상만사 더러운 꼴 보느라 썩어버린 내 속 달래려고 먹는 거지. 정치하는 놈들은 싸움질이나 하고 있고, 간첩 잡는 놈들은 댓글이나 달고 있고, 나라님이란 놈은 아, 지금 나라님은 놈이 아니라 년이었지?
산받이	(말을 끊으며) 야, 이놈아! 너 그런 말 하다가 잡혀간다.
홍백가	뭐야? 나를 잡아간다고 하면 (홱 돌아서며) 여러분, 이거 새빨간 거짓말인 거 아시죠~~
산받이	허허허. 고것 참 재미있는 놈일세. 그려 넌 여기 뭐하러 왔냐?
홍백가	아하! 오조밭에 새가 많다길래, 새나 보면서 술이나 한잔하려고 나왔네.
산받이	그럼 새나 보시게.
홍백가	(唱) 어랑타령

청천강수 흐르고 나리는 물에
서서상 타고서 에루하 뱃놀이 가잔다.
(합창) 어랑 어랑 어허허여
어허야 디야
모두가 내 사랑이로다.

이시미에게 잡아먹힌다.
매호씨 장단에 맞추어 등장하여
장단을 걷어들인다.

매호씨	왕파리 똥구멍~~ 자, 왔어요. 왔어. 초란이가 왔습니다. 아이고, 어지러 어지러! 야~ 세상이 요상하게 돌아가니까 가만히 서 있어도 어질어질하네. 가만있어봐. 이놈아, 뭐 하고 있어? 얼른 나와. (초란이 등장) 자 이놈으로 말씀드릴 것 같으면 동남아 순회공연을 마치고 돌아온 돌리고 돌리고 뭐든지 잘 돌리는 놈이올시다.
산받이	아니, 근데 둘이는 …….
초란이	(산받이 말 끊으며) 안녕하세요. 안녕하시구, 반갑구, 반갑습니다. 야, 이거 사람 많다. 사람 많아! 이렇게 사람도 많이 모였으니, 이놈이 재주 한번 보여야 할 터인디, 이 재주가 아주

어려운 재주렸다. 잘하면 재주요 못하면
메주인디. 정기정기 정저쿵
(버나 돌리기 시연한다. 중간 떨어뜨렸을 때)
얼렐레 이건 낙상이렷다. 박수 한번 주소.
(박수 유도 후 다시 버나 돌리기)

휘모리장단이 흐르고 초란이 매호씨 버나를
돌리는 재주를 부린다. 지켜보던 이시미에게
잡아먹힌다.

산받이	거 신나게 돌리는데 다 잡아먹는구나!
꼭두각시	아니고! 아이고! 내 신세야.
산받이	헉! 이건 또 누구여? 아니 방금 전에 금강산 중 되러 간다고 울며불며 가지 않았던가? 어쩐 일로 다시 나왔소?
꼭두각시	내가 실연을 당했어.
산받이	아니 어떤 놈한테 실연을 당했을까.
꼭두각시	누구긴 누구야 박첨지지.
산받이	그 망할 놈의 영감탱이.
꼭두각시	내가 가다가 하도 분해서 이 세상 남자들한테 소리로 한마디 하려고 내 다시 나왔네!
꼭두각시	(唱) 어화세상 (단가를 작창) 아! 세상 사람들, 내 말 좀 들어보소 남자들아,

헌거 버리고 새거 좋아 말라
조강지처 버리고
잘되는 이 하나 없다 하니
남자, 어허 남자!

꼭두각시 이시미에게 잡아먹힌다.

묵대사	어흠! 어흠! 나무아미타불 관세음보살
산받이	아, 웬 스님이 다 나왔소?
묵대사	내가 웬 스님이 아니라 저 깊은 산에서 내려온 계명이 묵대사다.
산받이	계명이 묵대사라! 그런데 아니 자세히 보니 어쩐 일로 그리 눈을 딱 감고 나왔소?
묵대사	이 정신 나간 세상 고약하고 더러운 짓거리를 하는 인간들이 많이 보여서 내 그 꼴 보기 싫어서 이렇게 눈을 딱 감고 다니네.
산받이	여보시오. 대사님! 그런 고약한 놈들은 저기 여의도에 있을걸. 여기는 신성한 곳이고 좋은 사람만 모였으니 내 말을 믿고 한번 눈을 떠보시오?
묵대사	그러니까 여기는 신성한 곳이고 좋은 사람만 모였으니 당신 말을 믿고 눈을 떠보라고?

산받이	예.
묵대사	좋소! 그럼 내 당신 말이 좋아 내 믿고 눈을 떠보겠소. (타악소리 효과와 함께 눈을 뜨려고 당긴다.) 뜬다 뜬다 뜬다 뜬다 뜬다 뜬다~ 떴다!
산받이	하! 그렇게 좋은 눈을 가지고 왜 감고 다니셨소?
묵대사	아하! 여기는 당신 말대로 좋은 분들만 계시는구려.
산받이	대사님! 기왕지사 눈을 뜨신 바에야 여기 오신 분들한테 만사형통하라고 축원덕담이나 한 자락 들려주시오?
묵대사	그럼, 당신 말대로 이곳에 오신 분들 맘과 뜻과 잡순대로 소원성취하라고 축원덕담이나 한 자락 부르지요.

사물악기 전주가 흐른다

(唱) 고사덕담
(합창) 상봉일경에 불공만 재수로다
만복이야
아헤헤 헤헤헤헤 헤난이구려
여래열 살아가십소사 만복이야
어미로다
보오오호호 에헤헤……

(독창) 축원이 갑니다
덕담 가고 발원이 갑니다

이시미에 잡아 먹힌다.

박첨지	우 우 우 우여 우여, 아, 여보게! 우리 딸들하고 동네 사람들 다들 새 보러 나왔는데 다들 어디로 갔나?
산받이	영감네 식구, 동네 사람들 새 보러 나오는 족족 저기 용강 이시미가 다 잡아먹고, 영감 나오면 마저 잡아먹는다고 저 외뚝에 넙죽 엎드려 있소.
박첨지	뭐! 뭐! 뭐! 용강 이시미가 다 잡아먹고 나 나오면 마저 잡아먹는다고 저 외뚝에 넙죽 엎드려 있다고?
산받이	그려.
박첨지	아이구, 그놈을 때려잡아야겠는데 어디로 가나?
산받이	이쪽으로.

박첨지 반대쪽으로 가다가 막에 부딪히고 나서

박첨지	아이구! 코빼기기야.
산받이	뒤로 돌아. 이 영감탱이야!

박첨지	뒤로? 그래 뒤로~ 뒤로~		박첨지	커다란 아주 커다란
산받이	아이구, 답답해라. 그쪽이 아니라		산받이	그래, 커다란
	앞으로 말이여.		박첨지	커다란 미꾸라지 새끼만 하더라.
박첨지	아하! 여기, 엉?		산받이	이런 망할 영감 같으니라구! 여보,
산받이	왜?			미꾸라지 새끼만한 걸 보고 그리
박첨지	물이 있는데 이 물을 건너야 하나?			놀래어.
산받이	아, 그물을 건너야지.		박첨지	내가 저걸 때려잡아야 되는데
박첨지	내 그럼 건너가겠네. 아이구! 차가워라.			저걸 어떻게 해야 하나? 이놈을
	오메! 차가워.			대갈빼기를 확 박아야 하나.
				아니면 주먹으로 질러야 하나.
				야! 이놈아. 야! 이놈아. 우리 식구

사물효과와 함께 박첨지 이시미에게 물리다가 빠져
나와서 호들갑스럽게

내놔라, 내놔라.

박첨지 사물효과와 함께 덤비다가 이시미에게
물린다.

박첨지	봤다. 봤다.			
산받이	봤나?		박첨지	아이구, 나 죽네. 나죽어. (산받이에게)
박첨지	봤다.			여보게, 우리 뒨둥이 좀 불러주게.
산받이	얼마나 커?		산받이	이거, 야단났구만! 안 되겠다.
박첨지	어찌 큰지 어찌 큰지 대단하더라.			산 너머 진둥아.
산받이	얼마나 커?		홍동지	(안에서) 똥 눈다.
박첨지	커다란		산받이	야! 이놈아! 빨리 끊고 어여 나와
산받이	그래, 커다란?			봐라.
박첨지	아주 커다란		홍동지	아! 밥 좀 먹고.
산받이	그래, 아주 커다란?		산받이	야, 이놈아! 똥두간에 앉아 밥 먹냐?
박첨지	아주아주 커다란			
산받이	아, 그래. 아주아주 커다란?			

급하다. 어여 나와 봐라.

홍동지   나왔다. (배우가 나온다)

산받이   아이구! 니가 나오면 어떡해.

인형이 나와야지?

홍동지   아참! 내 정신 좀 봐라

(들어가고 인형이 나온다) 나왔다.

산받이   야! 이놈아, 뒤로 나왔다.

홍동지   (뒤로 돌린다) 허허허! 어쩐지 앞이

아무것도 안보이더라.

(인형을 돌려놓고) 날 왜 찾어?

산받이   야, 이거 큰일났다. 거 박첨지가

저 용강 이시미에게 낮짝 복판을

물려서 다 죽어간다. 빨리 가봐라.

홍동지   뭐 우리 박첨지가 용강 이시미에게

낮짝 복판을 물려서 다 죽어간다고?

산받이   그려, 이놈아!

홍동지   허허허, 아따! 그 망할 자식 잘됐다.

산받이   야, 이놈아, 너 어르신보고 그 망할

자식 잘됐다가 뭐야?

그러면 되냐, 빨리 가봐라.

홍동지   어디로 가나? 이리로 가나, 이리?

(홍동지 반대 쪽으로 가다가 막에

부딪힌다) 아이구, 대갈빼기야!

산받이   아이구, 이놈도 답답해라. 이쪽으로.

홍동지   이쪽으로. (뒤로 간다)

산받이   그쪽이 아니라 뒤로 돌아.

홍동지   뒤로 돌아? (뒤로 돌아 객석을 본다)

산받이   그래, 앞으로.

홍동지   앞으로 그래. 앞으로 앞으로.

앞으로 나오다가 막 앞으로 인형이

떨어지려한다. 배우가 얼굴을 내밀고

홍동지   아이구 아이구. 이거 손 모가지

부러질 뻔했다. 인형이 얼마나 무거운 줄

니가 아냐? 에이! 지린다, 지려. 쉬쉬.

(오줌을 갈긴다)

산받이   아니, 이놈이 어디다 오줌을 갈겨?

그만 쏴라.

홍동지   아이고! 시원하다. 아이고 여보게,

내가 오줌을 눴더니 못 보던 물이 있네!

이 물을 건너야 하나?

산받이   건너야 가지. 이놈아.

홍동지   그럼 몸 좀 뎁히고 가겠네. 하나둘

하나둘.

산받이   급하다. 이놈아. 하나둘 하나둘.

홍동지   그럼, 내가 한번 건너보겠네.

산받이   그려. 빨리 건너게.

홍동지   아! 차거워! 어이 차가워! 흐흐흐,

어, 여보게! 송사리 새끼들이 내

불알을 문다. 허허허, 안 되겠다.

뒤로 누워서 가야지.

(홍동지 뒤로 누워서 수영을 한다.

이시미와 부딪치고 나서)

이, 이게 뭐야?

산받이 그거다. 그거.

홍동지 아! 거 박첨지요?

박첨지 낼세.

홍동지 어라 다 파먹고 퍽퍽하구나. 박첨지 내 말

좀 들으시오. 박첨지가 한 살이오

두 살이오? 내일 모레 팔십이 넘은 분이

그저 집안에서 애나 보고 나락 멍석에

새나 쫓고 있으면 될 일이지! 그저 일베들

득실거리는데 뭐 먹을 거 없는지 오르르,

그저 아바이인지 오마니 패거리

들썩거리면 거기도 먹을 거 없나 쪼르르.

에이! 팔불출 영감 같으니라고.

박첨지 아이구! 도대체 이 판국에 그게 뭔

개소리냐? 나 죽네. 할 말 없으니

어여 살려주게.

홍동지 (산받이를 보며) 어라! 할 말 없다고

살려달라네.

산받이 암, 살려주고 봐야지.

홍동지 살려놓고 봐야하나? 그럼 내 살리지.

어리게!

휘모리단으로 사물 연주 울리고 홍동지와 이시미

싸운다. 이시미는 무대막 밑으로 떨어져 나가고

이때 떠다니던 뱃머리를 홍동지가 들어 올려

정상적으로 되돌려 놓는다. 마지막으로 홍동지

이시미를 목에 두르고 나온다.

홍동지 허허허, 봤냐?

산받이 그래, 봤다. 봤어.

홍동지 봤냐? 봤냐? 입만 떠들어대고

아무것도 안 하는 놈들 봤냐? 내가 이 대갈빡

큰 거 때려잡는 거 봤냐?

산받이 너 참 대단하다.

홍동지 여보게? 내 이놈 팔아서 빤스도 좀 해 입고,

부자 좀 돼야겠다.

자진모리장단으로 사물연주와 함께 퇴장한다.

사이무곡 - 평안감사 행차 재현. 나발과 나각

소리가 울리고 무곡으로 굿거리장단으로 악사의

연주가 이루어지면서 평안감사 행차가 성대하게

이루어진다. 앞무대에서는 사자탈이 등장하여

흐드러지게 춤을 연행하면 뒷무대로 만장을

앞세우고 풍물패, 사령, 말을 탄 평안감사, 기생,

육방 동네 사람들, 광대 패거리 등이 드러지게

춤을 춘다. 이어서 앞무대에 평안감사만 남기고

뒷무대에 나머지 일행 함께한다.

제5 거리

평안감사 거리

막 안에서	(唱) 평안감사 매사냥
산받이	(연주)
막 안에서	(唱)평안감사 꿩사냥
산받이	(연주)
막 안에서	(唱) 감사 감사 꿩사냥
산받이	(연주)
평안감사	여봐라! 무지한 백성들 덕에 내가 평안감사로 부임하였다. 그래그래, 지금 당장 해 처먹을 게 한 두 가지가 아니나, 내 오늘은 여기 산세가 좋아 꿩이 많다고 하니 꿩사냥이나 하련다. 바쁘냐?
산받이	예?
평안감사	안 바쁘면 쳐라.

휘모리장단으로 사물 연주가 시작되고 평안감사 매를 던져 꿩사냥을 한다. 마무리되면서 육방들 모여들며

육방들	대단하십니다.
평안감사	그래그래. 이 보시게들. 아랫것들 때문에 꿩도 많이 잡아 기분도 좋고 하니 우리 골프장에 가서 수발드는 아가씨 젖꼭지와

공이나 튕기면서 민생복지에 대해서 논해보세.

육방들	아, 그거 좋지요.

자진모리장단으로 바뀌면서 감사일행 퇴장한다.

제6 거리

상여 거리

박첨지	쉬이, 여보게! 이거 큰일났네.
산받이	뭐가 큰일나?
박첨지	평안감사께서 꿩을 잡아 내려가시다가 저 동설령 고개 골프장에서 낮잠을 주무시다가 개미란 놈에게 불알 땡금줄을 물려 직사를 했다네 그려.
산받이	평안감사가 급사하였다면, 그럼 상여가 올라오겠구만?
박첨지	그려.
산받이	그럼, 상여 구경이나 합시다.

박첨지는 퇴장하고

막 안에서	(唱) 상여가
대잡이	어허 어허이야 어허 어허이야

	어이나 가리 어허허야
산받이	어허 어허이야 어허 어허이야
	어이나 가리 어허허야
대잡이	불쌍하고 가련하다
	어린 상제 불쌍하다
산받이	어허 어허이야 어허 어허이야
	어이나 가리 어허허야

만장들을 앞세우고 상여가 나오고 상제와 상여 사이로 홍동지도 따라 나와서 운다.

홍동지	아이고! 아이고! 아이고!
박첨지	어라! 이놈이 왜 이려? 허허! 이놈 보게나! 야, 이놈아?
홍동지	아이고! 아이고! 아이고!
박첨지	야, 이놈아?
홍동지	아이고! 아이고! 아이고!
박첨지	아이구! 야 이놈아? (뒤통수를 때린다)
홍동지	엉? 왜 때려?
박첨지	야, 이놈아! 이게 누구 상여인데, 그렇게 우는 거여?
홍동지	아니, 이거 우리 박첨지 상여 아니여?
박첨지	아니, 이놈이 멀쩡한 날 죽여 놓네! 이런 망할놈! 이게 평안감사 댁 상여여.
홍동지	평안감사 댁 상여여? 아! 난 또 우리

	박첨지 상여인 줄 알았지, 안 죽었어? 어쩐지 암만 울어도 눈물도 안 나오고 싱겁더라.
박첨지	어이구, 저런 멍충이. 에이, 나 들어간다. (퇴장)
홍동지	그나저나 나는 상여 구경이나 해야겠다. 야하! 잘 꾸몄다, 잘 꾸몄어. 으리으리하구나. (산받이를 향해) 엽전 칠 푼은 잔뜩 걸었구나.
산받이	그게 평안감사 상여라서 그런다.
홍동지	(산받이를 향해) 아, 여보게! 만사 있나?
산받이	암, 있지. 저 앞에.
홍동지	아! 저기 있구나. (만사를 읽으려 한다)
산받이	야! 이놈아! 니가 글을 읽을 줄 알어?
홍동지	이게 뭔 소리여? 내가 그래도 삼강오륜을 아는 사람이여.
산받이	그 꼴에 니가 삼강오륜을 알어? 그래 삼강오륜이 뭐여? 읊어봐라.
홍동지	내가 삼강오륜을 모를까 봐 그러슈? 삼강은 생강, 요강, 빨강이고, 오륜은 자동차 바퀴 넷하고 꽁무니에 달린 스페아 바퀴까지 합쳐 오륜이라고 하는 거야.
산받이	허허허, 나 참 기가 막혀서. 에라이

이런 미친놈아! 그걸 말이라고 하냐?

홍동지 (읽는 시늉) 허이~ 허이~ 허이~

하! 하! 하!

산받이 왜 웃어? 이놈아.

홍동지 아니 만사를 보니 "평안감사 골프장에서
개미란 놈한테 불알 땡금줄을 물려
옥동가라 상서를 잡았다네"라고
쓰여 있네.

산받이 야! 야! 이놈아! 저기 상주가 다
있는데 그런 말 하면 볼기 맞는다.

홍동지 너만 조용히 하면 안 걸린다.

상주 야! 야! 네 이놈! 뭐라고 했지?

홍동지 네! 네! 그저 상여 잘 꾸몄다고
그랬습니다.

상주 그렇다면 모를까.

홍동지 우리 문상이나 합시다.

상주 좋은 말씀. 아이구~

홍동지 아이구~

상주 아이구~

홍동지 아이구~

상주 (화음) 아이구~

상두꾼 차례로 등장하여 '아이구~' 화음을
이룬다.

씨구씨구 씨구씨구

쓰르르하고 들어왔네

작년에 왔던 각설이

죽지도 않고 돌아왔네.

씨구씨구 씨구씨구

여래 영덕 쓰러진 데

삼대문이 제격이고

씨구씨구 씨구씨구

열녀 춘향 죽어가는 데는

어사 낭군이 제격이요

씨구씨구 씨구씨구

갱실갱실 댕기다

미나리깡에 홀라당 빠졌네

사랑도 매화로다

뚝딱……

휘이~

홍동지 허! 히! 히! 여보게! 별놈의 상주를
다 보겠네. 아니 상주란 놈이 내 거시기가
마이크인가 내 거시기에다 장타령을
때려부수니. 에이! 드러워서 나
들어가겠네.

상주 네 이놈! 말 들어라. 평양서 상여
올라오는데 길 치도를 어떻게 했기에
상두꾼들이 다리를 죄다 삐었으니 너라도
상두꾼으로 나서서 상여 모셔라.

홍동지	뭐라구요? 나보고 상여 뫼시라구요?		상좌들이 나와서 인사를 나누고, 몸을 풀고 나서
	허허허, 까짓거 그거 어렵겠소.		중모리장단에 맞춰 조립식 법당을 짓는다.
	어디 한번 밀고 나가볼까?		
	(상여에 다가서서) 아따따따! 냄새 우라지게	대잡이	(唱) 어허 화상이 절을 지어라
	난다. 똥을 안 싸고 뒈졌나?	산받이	(唱) 어허 화상이 절을 지어라
산받이	거 방구를 안 끼고 뒈져서 그런다.	대잡이	(唱) 절을 지어라 절을 지어라
홍동지	어이, 여보게! 냄새가 하두나서	산받이	(唱) 어허 화상이 절을 지어라
	나 맵다 뒤로 밀고 나가겠다.	대잡이	(唱) 금강산 중턱에다가
	(상여 퇴장 소리)		팔만구 암자를 지어라
	어허 넘자 어허 허와	산받이	(唱) 어허 화상이 절을 지어라
	에구리 넘자 어허 허화	대잡이	(唱) 금강산 꼭대기다가
			팔만구 암자를 지어라
	자진모리 사물장단과 함께 상여를 메고 홍동지가	산받이	(唱) 어허 화상이 절을 지어라
	아랫배로 밀고 나간다. 모두 퇴장하고 박첨지가		
	등장하여		절을 다 지으면 상좌중 법당문을 열고
			나오면서

제7 거리

절 짓고 허는 거리

		대잡이	(唱) 이 절에다 시주를 하면,
			아들 낳고 딸을 낳네
박첨지	아하, 여보게! 이제 마지막으로 이곳에다	산받이	(唱) 저 절에다 시주를 하면,
	절을 하나 이룩한다네. 이곳은 터가 좋아		아들 낳고 딸을 낳네
	일급지 명당이요. 오늘 여기 오신 손님들	대잡이	(唱) 이 절에다 시주를 하면,
	이 절에다 시주를 하면 무병장수와		부귀공명을 하시련마는
	소원성취를 이룬다고 전해주시오.	산받이	(唱) 저 절에다 시주를 하면,
산받이	거 좋은 말씀!		부귀공명을 하시련마는

234

대잡이	(唱) 이 절에다 시주를 하면,
	무병장수를 하시련마는
산받이	(唱) 저 절에다 시주를 하면,
	무병장수를 하시련마는
대잡이	(唱) 이 절에다 시주를 하면,
	소원성취를 하시련마는
산받이	(唱) 저 절에다 시주를 하면,
	소원성취를 하시련마는

상좌들이 관객으로부터 시주를 받고
어느 정도 마무리가 되면
자진모리장단에 맞춰 지은 순서의
반대로 헐기 시작한다.

대잡이	(唱) 어허 화상이 절을 다 헌다
산받이	(唱) 어허 화상이 절을 다 헌다
대잡이	(唱) 잘도 헌다 잘도 헌다
산받이	(唱) 잘도 헌다 잘도 헌다
대잡이	(唱) 잘도 헌다 잘도 헌다
산받이	(唱) 어허 화상이 절을 다 헌다

법당을 완전히 헐어버리고 상좌들
사물장단에 퇴장하면 박첨지 나와서

박첨지	여보게! 이것으로 인형극은 끝을

맺으려고 하는데 어떻게 재미있게
보셨나? (관객들 반응 약하면)
허허 거 재미없게들 보셨나?
어떻게 재미있게 보셨어요?
(관객들 대답 소리) 허허, 올해는 지랄이
풍년인 세상인지라 참 슬픈 일도 많았네
그려. 제발이지 앞으로는 기쁜 소식
있으라고 내 바라마지 않네..

산받이	좋은 말씀!
박첨지	마지막으로 여기 오신 여러 손님들
	이 구경을 보시고 가더라도 귀설수,
	실물수 수물하고 소원성취 이루어
	만사가 대길하게끔 점지하여 안녕히
	돌아가시라고 이 늙은 박가가 절을
	한다네. 아이구! 허리야! 감사합니다.

자진모리장단으로 사물연주하면 박첨지가
퇴장한다.

에필로그

사물패거리를 앞세우고 각각의 인형이
등장하여 판놀음을 연행하고, 마지막 노래로
휘모리장단으로 편곡한 구음 '떼이루' 테마곡을
합창으로 부르면서 난장을 이루며 인사를
이룬다.

4 인터뷰

꼭두각시놀음 박첨지놀이 1974~2002

손진책 | 김창기 이노아

돌아온 박첨지 2013~2019

손호성 최유송 강학수 김현중 유성진 하동기
김경회 민혜심 신은경 이선연 | 김옥란 김창기

돌아온 박첨지 2014~

조원종 | 이노아

돌아온 박첨지 2008~2010

김지훈 | 김창기

양평, 2013. 5. 13

인터뷰 | 극단 미추 대표 손진책

일 시 2020.7.21. 화. 16:00
장 소 손진책 연출연구소
인터뷰이 손진책
인터뷰어 김창기, 이노아
사 진 이노아
녹취정리 김동원

남사당의 전통인형극 꼭두각시놀음,

연극의 유산으로 이어지다

김창기 한국의 전통 인형극은 다른 민속 공연과
비교해 많이 공연되지 않는 것 같습니다.
꼭두각시놀음은 연극사적으로 어떤
가치를 갖고 있나요?

손진책 우리 민속극이라고 하면 세 가지가 있지.
가면극, 인형극 그리고 판소리. 넓게
본다면 굿까지 들어가. 그게 우리 전통
연극, 우리 조상들이 우리에게 물려준 연극
유산이야. 근데 탈춤은 봉산, 은율, 양주,
송파, 하회, 고성, 동래 등 전국적으로
퍼져있고 각 보존회에서 공연도 활발하게
해요. 판소리는 원래 열두 바탕이었으나
현전하는 여섯 바탕이 유파별로
전수되고 있어요. 이제는 국립창극단이
창극으로까지 발전을 시키고 있어요.
그런데 우리 민속극에서 유일한 인형극인
꼭두각시놀음은 유랑예인집단 남사당

(1988년 사단법인 남사당놀이 보존회 결성)에서만
연희가 되었어요. 세계적으로 봐도
공연양식이 독특한 귀중한 연극자산이지.
나는 우리 연극을 공부해야겠다고
나섰을 때 운이 좋게도 인형극을 직접
남사당한테서 배웠지. 그때 남사당에
남운용(南雲龍, 본명 남형우, 1907~1978. 중요
무형문화재 제3 호 남사당 꼭두각시 예능 보유자)
선생이 마지막 꼭두쇠였는데, 그분이
인형 조종하는 걸 직접 보고 장단도
배우고 그랬지. 내가 전수해야겠다 싶어
인형을 사기도 하고 만들기도 해서 인형을
한 세트를 마련하고 남사당의 허락을
얻어 남사당이 아닌 첫 번째 꼭두각시
공연팀이 되었지. 그 인형을 학수한테
빌려준거야.

김창기 아, 그 인형들이었어요? 미추에서도
그 인형을 가지고 공연했었죠?

손진책 미추에서도 공연했고 그 전에 극단
민예극장 때 시작했어. 내가 민예 극단

단원이었을 때니까. 처음으로 공연한
게 1974년 11월인가 그래. 당시에 민예
소극장이 아현동 고개마루턱에 있었어.
1973년도에 극단이 창단되었는데
그다음 해에 민예소극장에서 남사당의
꼭두각시놀음만 별도로 공연했지.

김창기 당시 공연 프로그램 북(<꼭두각시놀음-
박첨지놀이 >, 손진책 연출, 극단 민예극장 인형극회
꽃동네, 민예소극장, 1983.3.1~15)을 봤어요.
사진이 젊으셨을 때네요.

손진책 이거는 창단 10년을 맞이해서 쓴 거야.
1983년도에 쓴 글이네. 내가
남사당에서 전수해 와서 독자적으로,
연극인으로서 맨 처음 공연한
게 1974년이야. 그리고 그 전에
새문화스튜디오(MBC TV 후원으로 문화방송국
근처 정동 풍전빌딩에 개설 -"새문화스튜디오
풍전빌딩서 개설", 『매일경제』, 1972.5.6)라고,
허규(許圭, 1934~2000. 극단 민예극장
대표, 1973~1981) 선생님이 배우들을
위한 연기학원을 했어. 내가 강사로
있었거든. 거기에 인형극단도 있어서
인형극을 몇 편 만들었어. 인형극 하는
사람들하고 잘 알아서 같이 연극을
하기도하고. 어쨌든 1974년도에

공연에 부쳐

徐 振策
(극단·민예극장 대표)

"연극을 통한 인간성 존중과 전통예술의 현대적
조화"를 표로로 극단이 문을 연 지 올해로 꼭
10년을 맞습니다. 그동안 우리의 독자적인
민족연극운동을 위해 공헌했는 분은 헤아릴수
무척라 사실입니다. 민족연극의 방법이란 한 예술가나
한 예술집단에 의해 일회성 수법은 간단한 명제는
아니겠으나 오늘날은 서구지향적 시대문화를 대변하고
마련되면 우리의 연극문화 풍토를 조성하고자 허친
민예극장은 창단 10주년을 맞이하여 꼭두한
참모자세를 새로 전지할 것을 다짐하는 바입니다.
이번에 민예극장 창립시 부터 함께 전통의 현대화를
모색하던 방자인형극회 꽃동네 가 그동안에
미진했던 활동에서 벗어나 재출발한다 하니 무척
반갑고 다행스러운 일이 아닐 수 없습니다. 떠나버린
극단 활동정체의 확대는 물론 꼭 즐어야 할 숙제입니
배꼽입니다. 창단 10주년을 계기로 또한 새로
발족한 한국민형극협회의 첫 행사로 「꼭두각시놀음 을
통해 그동안에 궁런던 손뼉 들고 우리것부터 다근히
하나하나 다딤들을 딛고 존을 벌린다하니 이거 애정이
가는 것입니다. 모처럼의 공연이 산발적인 공연에
그친 한국민형극 발전에 활력소가 되고 앞으로의
「꽃동네, 진로에 용기를 언제게는 공연이 된다면
더없이 기쁘겠습니다.

<꼭두각시놀음: 박첨지놀이 > 손진책 연출,
극단 민예극장, 민예소극장, 1983.3.1~15.

처음으로 우리 인형극을 공연하고 나서,
1년 뒤 처음으로 창작 인형극을 내가
연출했어. 1975년 12월에는 장윤환
선생이라고 동아일보 연극담당 기자였어.
극작도 몇 편 하셨는데, 그 당시에는
연극담당 기자와 연극인이 친했어요.
그 양반보고 인형극 대본을 하나 쓰게 해서
< 허생전 >(<허생전 >, 장윤환(장삼열) 작,

인터뷰 중인 김창기, 손진책

<table>
<tr>
<td>

손진책 연출, 극단 민예극장, 이대 앞 민예소극장,
1975.12)이라는 작품을 만들었어.

김창기   프로그램북을 보면 당시 극단 서낭당 대표
심우성 선생이 <허생전>을 끝으로 7년
동안 공연이 없었다고 하셨네요. 그렇다면
10주년 공연 이후에는 어떻게 됐나요?

손진책   꼭두각시놀음은 어떤 수원지 역할, 박물관
같은 역할을 하게 하면서, 새로운 창작
인형극을 계속해나갈 생각을 했는데.
연극 만들기에 바쁘다 보니까, 그리고
그때 또 TV 인형극과 어린이 관객을 위한

</td>
<td>

붐이 생겨 인형극 공연이 활발해지고
인형극협회까지 생겼기 때문에 나는
인형극에서 빠지고 그럼 너희들이 해라
했지. 나는 그냥 꼭두각시놀음을 전통의
유산으로만 가지고 있으면서 배우들
훈련하는 데 주로 사용했지.

김창기   우리 전통 연극이 연극 교육에 어떤 역할을
할 수 있을까요?

손진책   박첨지 놀이는 세계적으로도 전례
없는 유형이고 굉장히 소중한 문화적
유산이니 전통 연극에 대한 가치를 새롭게

</td>
</tr>
</table>

자유자재로 할 수 있고 리듬감을 몸으로
체득할 수 있어서 배우 신체 훈련에는
최고라고 생각해. 판소리는 배우들의
발성과 호흡 훈련이 저절로 되도록
구조가 그렇게 되어 있어요.
거기다 우리 말의 색깔, 우리 말의 맛을
가장 극대화해, 그러니까 우리 말을
가장 맛깔스럽게 표현할 수 있도록
그 방법을 가르쳐 줘요. 그래서 전통
연극은 현대적 연기 교육에서도 중요한
유산이야.

꼭두각시놀음의 무대 미학,
산받이와 대잡이와 악사들의 공연

발견하고 자긍심을 갖게 하는 정신 문화적
교육으로도 의미가 있겠지만, 실제로
배우들 연기훈련에 아주 좋아요.
왜냐하면 인형을 통해서 자기 연기를
객관화시킬 수 있어서 표현이 더
여유로울 수 있고 또 자기 연기를 관찰할
수 있으니까. 그래서 자기가 이야기를
만들어 연출하고 인형도 직접 만들게
해서 연기훈련에 많이 적용하게 했지요.
그 방법으로 나는 배우 훈련을 많이
시켰어. 그리고 탈춤은 텐션과 릴렉스를

김창기

손진책

공연은 어떻게 하셨나요?
1974년도에 할 때도, 내가 산받이 옆에
앉아 직접 장구를 쳤어. 산받이 대사는
배우를 시켰지만. 보통 연희에선 상쇠가
리더잖아. 그 당시 꼭두각시놀음에서는
장구가 리더였어. 근데 우리 인형극의
특징 중의 하나가 산받이라는 게 있다는
거야. 인형 조종자 대잡이와 그 밑에
있는 대잡이손이 인형을 조종하는데,
무대인 포장 막 밖 객석 맨 앞에서 관객을

김학수

<남사당의 하늘> 국립극장대극장, 1993. 6. 18~24

대표해서 인형 놀이하는 대잡이와 직접 대화를 주고받으면서 놀이를 하는 사람이 있는데 그게 바로 산받이야. 우리나라 인형극에서만 보이는 특별한 연극적 장치야.

김창기   악사들과 따로 분리되어 있었잖아요?

손진책   산받이도 역시 악기를 잡고 있으니 악사이면서 동시에 관객을 대표하는 맨 앞 관객인 셈이지. 악사, 잽이는 풍물 파트하고, 태평소 즉 날라리 하나뿐이야, 다른 건 없고.

김창기   미추에서 한번 공연하고 나서, 국악원 야외 마당에서도 공연하셨잖아요? 그때에는 악사가 서로 마주보고 했던 것으로 기억됩니다. 상·하수 따로 구분이 있나요?

손진책   원래 대잡이들과 마주 보는데 공연장 형태에 따라서 상·하수로 나누기도 하고 무대 미학상 밸런스를 맞추다 보면 임기응변적 자리 배치를 하지만 중요한 건 관객을 대표해서 인형 조종자들과 마주 본다는 거야.

김창기   예. 그래서 어떻게 보면 이게 한국적 서사연극이잖아요. 대표님께서 항상 말씀하시는 게 우리는 서양의 서사연극을

242

이미 하고 있었다는 그런 개념이 있다고
하셨죠.

손진책 브레히트의 서사연극이 혁명적 발상이라고
하지만 우리 전통 연극이 그러한 서사적
연극이랑 일맥상통하는 부분이 있어요.
판타지로의 유도가 아니라 관객들과
일체가 되어 현장성을 최대한 살리고 극
공간을 생활공간으로 연결해 만들어요.
주제는 벽사 의식으로 시작해서 양반에
대한 풍자와 조롱, 파계승에 대한 야유로
위선을 벗기고, 처첩 간의 해학적 갈등과
서민들의 곤궁상을 희극적 과장으로
표현해. 관객의 추임새와 재담을 바탕으로
열린 연극을 지향하지.

김창기 우리의 꼭두각시놀음은 어떻게
생겨났나요?

손진책 전래하는 민속극 중 탈춤이나 남사당의
꼭두각시놀음은 산대도감 계통 극이잖아.
조선 시대에는 관리관청 산대도감을
설치하여 여러 놀이를 주선하였고
조정의 여러 행사나 외국의 사신이 오면
영접하는데 동원이 되었지. 그런데
임진·병자 양난 후에 나라 재정이 궁핍해서
인조 12년에는 산대도감이 폐지되어요.
그러니 소속된 광대 놀이패들이 각

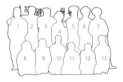

1 김학수   2 이영오   3 손진책   4 조혜순   5 김현진
6 김회운   7 장항석   8 오승언   9 김현숙   10 이영균
11 김미선   12 한명희   13 안해경

길라잡이는 <남사당의 하늘> 공연을 위해 극단 미추에서 만든
풍물 연구 동아리 모임이었다. 1994. 12

지역으로 흩어져 지역 토착 놀이로 정착을 하게 되지. 그런데 그때 정착을 거부한 몇몇이 놀이패를 만드는데 이게 떠돌이 유랑예인집단인 남사당패가 되거든. 안성을 거점으로 방방곡곡 떠돌아다니면서 놀이를 놀았는데 그 여섯 가지 놀이 중 덧뵈기와 덜미는 산대도감 계통극이야. '덜미'를 제일 마지막으로 놀았는데 인형의 목덜미를 잡고 논다고 해서 덜미라고 불렀다고 해요.

김창기 꼭두각시놀음이 원대 남사당놀이에서 마지막 순서로 연희하는데 주로 연로하신 분들이 하셨다고 하더라고요? 재담이 연륜이 필요한 부분이기 때문에.

손진책 그렇지. 인형의 대잡이나 산받이가 그만큼 연륜과 경험이 필요한 주요 배역이라는 의미겠지. 내가 마지막으로 본 명인들이 남운용 선생이고 그리고 산받이로 유명한 양도일(梁道一, 1907~1979. 중요무형문화재 제3호 남사당 꼭두각시 예능보유자·장구, 악사) 선생이 있었어요. 남운용 선생이 대잡이할 때 산받이를 전문으로 했지만 대잡이도 가끔 했고, 그다음에 김재원(金在元, 1923~1993. 중요무형문화재 제3호 남사당 꼭두각시 예능보유자·상쇠)이라고 상쇠

1 임채용 2 양수연 3 정진 4 김학수 5 강선숙 6 손진책 7 박용태

<꼭두각시놀음>, 미추산방, 1996.12.29

244

잘하시는 분이 대잡이를 이어받았고 최성구(崔聖九, 1911~1969. 상쇠)라는 분도 있었지. 운 좋게 그 당시 명인들 연희를 다 봤어요. 남사당에서 배우면서. 그리고 남운용 선생 부인, 그러니까 남기문(南基文, 1958~)의 모친 박계순(朴季順, 박계녀 朴季女, 1927~2006. 중요무형문화재 제3호 남사당 꼭두각시 예능보유자·징, 산받이) 여사가 때로는 산받이도 하고, 그다음엔 아들 남기환, 남기문, 그리고 박용태(朴龍泰, 1944~. 중요무형문화재 제3 호 남사당 꼭두각시 예능보유자·인형 제작자) 선생이지. 내가 가진 인형이 박용태 선생이 제작한 건데, 이분은 남사당패 남운용 선생의 처남이야. 박계순 여사 남동생이야. 그리고 송창선(宋昌善, 예명 송복산 宋福山, 1911~1984. 중요무형문화재 제3 호 남사당 꼭두각시 예능보유자·남사당 호적수) 선생이 주로 날라리하고. 나머진 주로 꽹과리치고 장고 잡고, 상모 돌리는 풍물잽이들이지만, 그중에 땅재주 살판과 접시돌리기 하는 버나, 그리고 줄타기의 어름사니가 있는데, 남사당패들은 재주를 타고나 이것저것 여러 기예를 다 할 수 있었지.

김창기　연극사에 없는 얘기를 듣고 있네요.

<꼭두각시놀음>, 뷔페 뒤노르 극장, 2002.11.13~17

손진책　남운용 선생님은 내 결혼식에도 직접 오셔서, 맨 앞줄에 앉아계신 사진이 있어. 아마 내 결혼식 있고 얼마 후에 돌아가셨지. 그래서 내가 남사당하고는 특히 박용태 씨나 남기문하고는 가족처럼 지냈기 때문에 남사당 소속이 아닌 극단으로서는 유일하게 꼭두각시 인형극 패가 될 수 있었지.

김창기　학수가 남사당 워크숍에 참여했잖아요. 그러면서 인형극을 그때 배워오지 않았나 싶어요.

손진책	<남사당의 하늘> 할 때 그 대잡이역을 학수를 시켰거든. 그래서 학수가 인형극에 빠지기 시작한 거야. 그 후 민속극회 남사당에서 워크숍하면서 전수 교육을 할 때마다 단원들을 보내서 배워오라고 했지. 그때 미추에서는 공연은 활발하게 하지 않고, 워크숍 하면서 연기훈련으로 가끔 했지. 미추 때는 실제 공연을 몇 번이나 했는지 기억도 없네. 그래도 극단 미추 인형극 패가 2002년 파리 가을 축제(꼭두각시 Kkokdu Gaksi, 손진책 예술감독, 김원민 산받이, 김학수 대잡이, 극단 미추, 뷔페 뒤노르 극장, 파리 가을축제, 2002.11.13~17)에도 초청을 받아 갔다 왔지. 피터 브룩의 유명한 극장 있잖아. 그 뷔페 뒤 노르 극장에서 공연을 했지. 그때 학수가 대잡이를 했거든. 자막 번역을 준비하지 않아서 주최 측과 다투기도 했지만 대사 내용을 모르면서도 관객들은 아주 반응이 좋았어. 마리오네트 위주의 인형극만 보다가 산받이와 주고받는 우리의 독특한 연희 형식에다 장대 인형, 포대 인형, 줄 인형 등으로 다양하게 활용되는 조정방식을 보더니 여기저기 웃음이 터지면서 재미있게 보더라고. 공연이 끝나고 그곳 연극인들하고 얘기해보니	세계적으로 유례가 없는 독창적인 인형극이라고 하면서 우리 연극 유산에 흥미를 보이더군.

김창기	저도 꼭두각시놀음 공연에 두어 번 참여했어요.
손진책	그랬지. 그때는 단원들이 모두 꼭두각시놀음을 했지. 사실 미추 때는 연극을 하는 게 바빠서 우리 인형극을 많이 못 했어. 어쨌든 우리가 그 맥은 이으려고 애를 썼는데, 마침 학수 같은 재주꾼이 미추에 들어와서 연기뿐만이 아니라 우리 전통에 관한 관심을 두기 시작하고, 결국은 한국예술종합학교(이하 한예종) 전통예술원에 입학해서 전문적으로 공부를 하며 명맥을 이었지. 그러니 인형을 꼭 내가 갖고 있으면서 썩힐 필요가 없어졌어. 그래서 나중에 학수더러 네가 가져가서 잘 활용을 해보라고 맡겼어.
김창기	그런데 학수가 갖고 있던 인형 중에 나중에 제작된 것이 있었거든요.
손진책	학수가 놀이를 더 추가한다고 몇 개 새로 만든 거지. 상모 같은 거는 잘 만들었어요. 내가 가진 거는 박용태 씨가 만든 거지. 그중에 몇 개는 옛날에 안정희 씨라고 있어. 꼭두각시를 약간 현대적으로 표현한

인형이 있었는데 한때는 거기 인형도 좀 섞여 있기도 했어.

김창기 지금은 극단 사니너머 조원종 대표가 인형을 보관하고 있죠.

손진책 아깝게도 학수가 갔으니 이제 꼭두각시 인형극은 여기서 끝나나 했지. 그래서 인형을 가져오라고 했는데 원종이가 "우리끼리 해보겠습니다" 하길래 그럼 네가 갖고 잘 활용하고 나중에 소용이 없으면 가져오라고 했지.

시대가 반영되는 민속극 대본

김창기 그런데 저는 제가 잘못 알고 있었던 게 공연에 대한 권리나 대본이 대표님께 있다고 생각했거든요.

손진책 공연에 대한 권리는 남사당놀이 보존회에서 가지고 있지. 중요무형문화재로 등록도 되어 있고. 나는 전통 연극을 전문으로 하는 사람이 아니라 현대 연극으로의 재창작을 위한 수단으로 활용하는 연출가이니 꼭두각시 인형극을 직업으로 할 사람이 아니잖아. 아까 말했지만 남사당과는 젊어서부터 가족처럼 가까이 지내는 관계이니 내가 하는 공연은

연극의 연장으로서 허락한 거지. 인형극 대본 구술은 김재철 박사가 쓴 『조선 연극사』라고 1930년대에 나온 책이 있거든. 거기에 처음으로 나오기 시작했고 그 뒤로 민속학 하시는 이두현 박사나 심우성 선생, 무세중 선생이 남운용 선생한테서 구술받아 채록한 대본이야.

김창기 그 대본을 보면 왜 마당놀이처럼 에피소드가 있죠. 학수 공연할 때 보면 그 서사 중에서 시의성 있는 에피소드를 삽입한 장면이 있었거든요.

손진책 원래 자생적인 전승력을 가질 때는 그게 민속극이 되는 것이고, 자생적인 전승력이 어떤 시점에서 정지되면 그게 고전극이 되는 거야. 그러니까 시대에 따라 끝없이 변해가는 거야. 내가 처음 공부할 때만 해도 원래 남운용 선생님 대사에서 피조리가 나올 때 "너 어디 가서 배웠냐 춤 잘 춘다." 그러면 피조리가 "한양 권번에 가서 배웠지!" 그러던 걸 "서울 카바레 가서 배웠지!"라고 했어. 또 홍동지 더러 "너 돈 많이 벌었다며 어디 갔다 왔어?" 그러면 "한양 갔다 왔지" 대신에 "나 월남 갔다 왔어" 한다던가. 당시에는 모두가 가난해서 돈을 조금 가지고 있다는 건

월남 참전이나 사업으로 벌었다는 얘기지. 그런 식으로 그 시대 시사 풍속이 자연스럽게 들어오지. 그게 민속극이야. 내가 데뷔한 작품이 <서울 말뚝이>

(장소현 작; 손진책 연출, 극단 민예극장, 연극인회관소극장, 1974. 7. 8~10; 연극회관 쎄실극장, 1977. 6. 23~30; 마산크리스탈호텔, 1980. 10. 25~26; 민예소극장, 1982. 2. 2~3. 31)

잖아. 그 연출 포인트가, 탈놀이가 일제가 들어오면서 자생적인 전승력이 없어졌단 말이야. 그런데 만약 그게 일제에 의해서 중단되지 않고 계속 변화, 발전되어서 왔다면 오늘날 어떻게 놀이 되었겠냐는 가상의 해답으로 만든 공연이야. 아마 2천 회 이상 공연한 당시 인기 레퍼토리였지. 이런 식으로 꼭두각시 인형극도 현대적이고 시사적인 대사를 많이 섞어 넣고 그날 뉴스의 주요 머리기사도 대사에 넣으면서 해학적이고도 사회비판적인 공연을 했지.

김창기 학수가 한 <돌아온 박첨지> 공연에서는 윤창중과 세월호 사건을 다뤘죠.

손진책 그러니까 그런 게 자연스럽게 나올 수밖에 없는 게 민속극이고 자연스럽게 나와야 민속극이야. 우리가 하는 마당놀이가

그렇잖아.

김창기 그렇죠, 예. 마당놀이를 우리가 했으니까. 그 영향으로 학수가 거기서 그런 에피소드를 많이 넣었죠.

손진책 원래 민속극이라는 성격 자체가 그런 거야. 시대가 자연스럽게 반영되는 거지. 거기다 관객들의 반응이나 참여로 즉흥성이 생기기도 하고. 그래서 마당놀이를 본 외국의 연극학자들이 가장 살아있는 연극을 봤다고, 연기론을 다시 쓰고 싶다고 했잖아.

인형극 워크숍과 배우 훈련

김창기 이번 돌아온 박첨지 공연은 학수가 백수광부 배우들에게 장구를 가르쳐서 발표하고, 인형극 워크숍도 하면서 시작된 것으로 압니다. 미추에서도 학수와 그 또래 애들이 몇 번 했었죠. 그것도 봤던 거 같아요. 거기 여러 가지 소리나 민요, 이런 게 많잖아요? 뭐 따로 교육하셨나요?

손진책 우리 극 자체가 자연스럽게 가·무·극이 일체가 된 총체연극이기 때문에 춤을 잘못 추거나 소리를 잘못하면 우리 전통 연극의 맛이 안 나요. 우리 소리나 몸짓에는

나름의 선율과 리듬이 있어요. 그래서
더 많은 훈련이 필요하고 타고난 재능이
있어야 해. 판소리에서 귀명창이란 말이
있는데 소리를 잘하지 못해도 척 들으면
금방 수준을 알아보는 사람을 일컫는
말이야. 우선 들을 줄 알아야 해. 들을 줄
알려면 불러 봐야 하고. 하루아침에 습득이
안 되는 게 우리 문화야. 그래서 많은 훈련
시간을 갖도록 하지. 그런데 학수는 다행히
그런 면에서 다른 애들보다 소질이 조금
있어서 구수하게 리듬감을 살리면서 할
줄을 알았어요.

김창기 전통예술원 입학도 권하셨죠.

손진책 배우들의 교육에서 중요한 것은 속도가
아니라 방향이에요. 그래서 내가 대학
진학을 안 하고 온 단원들에게 대학을
갔다 오도록 권유도 하고 설득도 했어요.
특히 학수한테는 한예종 전통예술원이
마침 생긴 터라 내가 도와줄 테니 반드시
입학하라고 했지.

김창기 원래 학수가 타악도 많이 했었잖아요?

손진책 우리 극단은 리듬감 교육을
타악으로 했으니까 사물놀이가 필수
커리큘럼이었지. 학수는 초기에 설장고를
배우다 흠뻑 빠져들었고 상쇠에 북에

징에 모든 면에서 뛰어났지. 그만큼
애정을 가지고 열심히 했고. 그러다가
이게 인제 너무 좋아진 거지. 학수가
처음에는 미추 입단시험에 떨어졌어요.
두 번인가 떨어졌는데 학수를 겪어보니
워낙 성실하고 부지런해서 이런 복덩이를
우리가 왜 떨어트렸나 후회했지.
학수한테는 언제나 믿음이 갔고 모든 걸
안심하고 맡겼지.

전통의 창조적 파괴,
극단 미추와 극단 사니너머

김창기 그러고 나서 학수가 극단 사니너머를
차렸잖아요? 그 공연 보셨을 때
어떠셨어요?

손진책 그것도 내가 만들어 보라고 그랬어. 네가
그걸 공부했으니까. 스스로 네가 그룹을
만들어 독립해라. 그런 쪽, 우리 것 위주로
하는 곳이 없으니까 한번 해봐라 하고
권했지.

김창기 학수의 < 돌아온 박첨지 > 공연 보시고는
어떠셨어요?

손진책 처음에 한 거 보고 썩 만족하지는 않았지만
그래도 뭔가 해보려는 자체가 좋았고

또 같이 해보려는 단원이 있다는 게
기특했지. 나중에 돌아온 박첨지에서
시도한 상모돌리기는 자기가 굉장히 많이
발전시킨 거야. 여럿이 상모를 돌리고 놀이
무대를 아래위 쪽으로 배치하고 한 거는
학수가 많이 연구하고 고민한 결과지.
이제는 전통을 네가 꼭 고수할 필요가
없다. 기본 형식 자체가 우리 전통이고,
여기서 민속이라는 것이 아까 얘기한 그런
의미가 있어서 또 우리 시대가 옛날에는
전기가 없으니까 조명으로 관솔불 켜고
공연했는데 지금도 관솔불 켜고 한다면
그게 얼마나 멋쩍냐. 극장주의에 맞춰
자꾸 바뀌어야 한다. 그리고 원형은
아직도 남사당 노인네들이 남긴 게 그대로
있으니 전통 훼손 걱정은 말아라. 그거
영상도 연극학자도 있으니까. 내가 처음에
데뷔 무대로 <서울 말뚝이 > 연출했을
때는 이두현 선생님께 욕 많이 먹었어요.
저놈이 내 평생 공부한 거를 다 망친다고.
훼손으로 보신 거지. 누구 한 사람이
전통을 망칠 정도라면 그건 전통도 아니지.
나는 연극인으로서 전통을 하나의 수원지
역할로 삼고 또 그 전통을 창조적으로
파괴해 재창조하는 게 내 역할이지 전통을

전승하는 사람이 아니야. 미추라던가
내가 하는 연극에서 한 번도 나는 전통을
그대로 전수하겠다는 생각은 없었지.
내 연극의 평생 화두가 전통 연극의
현대적인 조화잖아. 전통을 보존한다고
아낄 필요는 없다. 격을 떨어트려서는
안 되겠지만. 원래는 꼭두각시 포장을
쳐 놓으면 남사당패들이 앞에서 풍물을
먼저 치고 놀았어. 상모를 돌리면서
판을 벌이다가 극이 시작할 무렵 산받이
할 자리로 앉았거든. 상모 돌리는 걸
인형으로는 왜 못 하나. 돌릴 수 있지.

김창기   예, 맞아요. 그래서 조그만 인형들
만들어서 평안감사 장면에서 앞뒤에서
상모를 돌리고, 저에게도 조명을
입체적으로 보이게 좀 해달라고했어요.
꼭두각시놀음을 그나마 학수가 어느
정도 되니까 했고 또 원종이가 한다고
하지만, 이제 점점 사라져서 대를 잇기가
어렵잖아요? 대표님이 보시기에 이게
어떤 식으로 이어져야 하는지요?

손진책   그건 비단 인형극만의 문제는 아니지.
전통의 현대적 계승은 영원한 명제야.
내가 내 연극을 직접 안무할 수 있었던
것도 예전 명인들을 직접 찾아가서

탈춤이나 장단을 직접 배웠기 때문에 가능했던 거지. 판소리 고수 역할도 직접 고법 명인들한테 배웠기 때문에 가능한 거지. 지금 판소리 명창의 북 반주를 할 수 있는 연출자가 아무도 없잖아? 우리의 전통 기예는 이론만으론 불가능해. 직접 몸으로 배워 체득해야 해요. 내가 인형극 유산을 이어받은 건 남사당과는 가족처럼 지냈기 때문에 가능했어. 다른 사람은 못 하게 했어. 요즘은 전통예술원이 생겨서 인형극도 정식 교과목으로 가르치고 있으니 배워서 연희하는 학생들이 이젠 점차 늘지 않을까. 한예종에 김재원씨가 와서 가르친다고 학수한테 들었는데 남사당을 계승한 셈이지. 문제는 전통 연희로서만이 아니라 연극자산으로서 현대 연극의 한 방법으로 보느냐일 거야. 과감한 시도가 필요하다고 봐요. 요즘 국악 공연도 보면 우리 소리나 악기 전공한 젊은이들이 창의적으로 모던하게 재창조하고 있잖아. 그런 식으로 꼭두각시놀음에 기본 틀이라던가 형식이던가 이런 건 갖고 있으면서, 때로는 창의성을 살려 실험적으로 바꿔봐도 좋지. 그래서 나도 학수한테

좀 더 익으면 본격적으로 한 발 더 나가게 하려고 생각했어. 그나마 할 수 있었던 학수가 없어졌으니 사실 큰 손실이지.

김창기   저도 여름이나 겨울에 학교에서 워크숍을 하거든요. 그래서 학수한테 한 번 얘기한 적 있었어요. 타악이 좀 되는 애들 있으니까. 그리고 저희도 그런 교육을 좀 하거든요. 전통 타악이나 한국무용 그러고 나서 인형극 워크숍을 했으면 좋겠다고 했는데 시간이 지나가 버리면서 인형극을 못 한 거예요. 저도 아쉽긴 하더라고요.

손진책   꼭두각시놀음이라는 게 감각이 필요해요. 대잡이나 산받이나 리듬감도 있어야 하고, 소리 길도 좀 알아야 하고, 손재주도 약간 있어야 하고, 연극적인 센스가 좀 있어야 해. 그래서 배우 훈련에 좋다고 생각했거든.

김창기   원종이 하는 것도 학수 하는 것도 남산에서 몇 번 보고 그 이후에도 봤는데 배우들이 조금씩 달라지더라고요.

손진책   누가 하느냐에 따라 분위기는 상당히 차이가 나겠지. 학수가 백수광부하고 연극을 하면서, 이성열 연출하고 손이 맞아서 백수광부로 이어졌는데 사실 나는 백수광부한테는 별로 기대를 안 했어.

백수광부는 전통 연극에 관한 관심이 있는 데가 아니니까. 그래도 연극을 하는 배우들이 우리 전통 연극을 한 번 경험해 볼 수 있다는 면에서는 좋은 일이라 생각하고 열심히 해보라고 했어. 연기 교육에 좋으니까. 인형극이라는 게 굉장히 감각적이라서 순간적인 타이밍이 서로 미묘하게 잘 맞아야 재미있는 건데. 첫 시작에 "떼에루~~" 하고 인형들이 등장해서 자기소개하고 퇴장할 때 톡 부딪치며 내보내는 한 장면만 시켜봐도 금방 감각이 어느 수준인지 보여.

김창기 이번에 만드는 자료집에 수록하려 하는데 어떤 대본을 기준으로 해야 할지요?

손진책 옛날 걸 다시 수록할 필요가 없어. 이미 여러 곳에 많이 있으니까. 학수가 마지막으로 공연했던 학수 연희본을 싣는 게 좋지. 지금 옛날 자료야 충분히 있잖아? 학수 연희본 자료가 충실하게 있나?

김창기 사니너머에서 받긴 받았어요. 초연 공연할 때 대본을 할 거냐, 아니면 현재 대본을 중심으로 할 거냐는 문제가 있어요.

손진책 오리지널 대본 이래 봐야 얼마 안 되니까 현재 대본으로 하는 게 좋겠지. 어쨌든 남운용 선생이 구술한 것이지만 민속극본에 나온 식으로 하지 말고, 공연 대본에 최종적인 디렉션이 있잖아. 디렉션을 좀 써. 그러니까 상·하 무대라던가 상모 돌리고 했던 이런 건 옛날에는 없잖아. 대본에다가 디렉션을 좀 약간 문학적으로 재밌게 해서 공연을 상상할 수 있게 해보고. 암튼 김학수가 한 연희본으로 해서 내는 게 좋겠지.

김창기 초라니도 원래는 없었던 캐릭터죠?

손진책 초라니도 사자도 그렇지. 계속 전통 연극 속에 있던 재미있는 캐릭터를 현대적으로 만들어 보고 또 새로운 시사적 캐릭터도 만들어 봤으면 하는 마당에 학수의 부재로 중단이 되었으니 안타까운 일이지.

김창기 그러면 장단과 창의 악보가 따로 있는지요?

손진책 꼭두각시놀음에서 주로 타령 굿거리, 세마치장단 외에 염불 타령 등이 있는데, 노래는 '떼에루 떼에루' 하고 '니나누 난실', 그다음에 평안감사, 상엿소리, 절 짓는 소리 등 여러 소리가 있지. 그게 남사당에서 오랫동안 전래하여 온 노래야. 민속악 장단이야 채보가 되어 있지만, 꼭두각시놀음에 나오는 소리는 아직 채보가 되어 있는지 모르겠네. 별로

어려운 작업이 아니니까 채보를 해 둘
필요가 있어요.

김창기 　박용태 선생의 인형 제작 스케치가
있더라고요. 무대미술 하는 손호성
씨에게서 받았어요.

손진책 　손호성 씨가 학수랑 같이 공연하면서
만든 무대 도면도 받아서 실으면 좋겠네.
우리가 할 때 박용태 선생이랑 친해서
자연 학수하고도 가까이 지내며 지도도
받았는데, 인형 스케치도 같이 실으면
좋은 자료가 되겠지.

김창기 　그때 만드셨을 때랑 지금은 또 어떻게
달라졌는지요?

손진책 　말했듯이 민속극이란 시대와 함께 계속
변해가는 것이니까 달라지는 건 당연한
일이야. 비슷하면서도 누가 만들었느냐에
따라 분위기가 완전히 달라. 다만 연희에서
옛 소리의 멋이나 인형을 다루는 공력이
점점 떨어지는 게 안타깝지.

우리 연극을 찾아서

이노아 　선생님께선 처음에 어떻게 전통극에
관심을 두게 되었나요?

손진책 　사실은 고전음악 때문이야. 나는 원래

클래식 마니아라 음악감상실에 자주
갔었는데, 르네상스라고. 거기서 일주일에
한두 번 국악을 틀어주는 거야. 처음에는
관심이 없으니 밖에 나가 담배 피우고
잡담하는 시간이야. 근데 어느 날 어디
한 번 들어보자 하는 생각이 들었어.
근데 피하지 않고 들어보니, 그 음악이
수제천이었는데, 여기도 뭔가 있다는
생각이 들더라고. 내가 좋아하는 쇼팽과
브람스가 있고 그에 대한 대칭으로 우리
국악이 있다면, 그럼 셰익스피어나
아서 밀러가 있고 그에 대칭되는 우리
연극이 있지 않을까 하는 생각이 들었어.
그래서 우리의 고전 연극은 뭣이 있을까
찾아봤어. 그랬더니 한국의 민속극이
나와. 당시에 이미 이두현 선생님의
『한국 연극사』(민중서관, 1973)랑 『한국의
가면극』(일지사, 1979; 서울대학교 출판부,
1994)이란 책이 나와 있었고, 심우성
선생님은 『한국의 민속극』(창작과비평사,
1975)이란 얇은 책자를 내놓으셨더라고.
아, 이런 게 서구 음악이나 연극에
대칭되는 우리의 전통이구나 하는 생각이
들어 필드로 찾아 나섰지. 우리 연극에
눈뜬 게 결국은 클래식 음악 때문이니

지금도 감사하고 있어. 그래서 내 연극의
평생 화두가 민족 연극의 현대적 조화가
된 거지.

이노아   그때가 몇 년도쯤인가요?

손진책   1960년대 후반이야. 내가 1967년도에
음악감상실에서 만난 친구들과 의기투합해
극단을 만들었는데, 한강에 반달 섬이라고
있었어. 동작동 국립묘지 바로 건너편에
지금의 동작역 지하철역 부근이야.
지금의 방배동에서부터 근처는 그 당시
다 논이었어. 동작동 국립묘지 종점에서
버스에서 내리면 강변에 철 난간이 있는
가파른 언덕이 있고 그 건너편에 농사를
짓던 아주 이쁜 섬이 하나 있어. 나는 뒤에
참여했지만, 우리 친구들이 땅 스무 평
사서 열두 평짜리 연습장을 만든 거야.
그때 돈 3만 원 주고 노 젓는 배를 하나
사서 섬을 오가는 교통편으로 사용했지.
거기로 가려면 쇠 난간을 돌로 세 번
땅·땅·땅 치면 건너에서 듣고 배를 저어
나와 태워서 연습장으로 들어가곤 했지.
그때 같이 작업했던 사람들은 지금은 거의
소식이 없어. 홍털보라는 내 친구가 <붉은
카네이션>이란 번역극을 연출하기도
했고 극단 작업의 길명일 씨가 제일

오래 같이했고, 거기서 나도 연출이란 걸
처음 했었지. 존 밀링턴 싱의 <계곡의
그늘>이란 번역극을. 그러다가 반포가
개발되면서 섬이 매립되고 극단이 없어진
거야.

이노아   배우를 하신 적은요?

손진책   나는 한 번도 연기해본 적이 없어. 앞에
나서고 하는 것은 좋아하지 않았으니.
연기에 자신도 없었고. 그때는 그냥 연극이
종합예술이라고 하니 연극을 하면 내가
좋아하는 문학, 음악, 미술, 무용 이런 걸
다 가까이 할 수 있겠다는 생각으로 막연히
연극을 했지, 연출가가 되겠다는 꿈도
없었어. 근데 대학 들어가서는 연기 아니면
스태프 둘 중 하나를 선택해야 하니까,
연기하기 싫어서 연출을 선택한 거지.
연출했더니 잘했다고 칭찬을 하니까 정말
잘하는 줄 알고 자꾸 하다가 보니 연출가가
되어 있더라고.

이노아   반달 섬 극단은 언제까지
작업했는지요?

손진책   반포가 개발되면서 반달 섬이 없어지게
되고 또 단원들 간 약간의 갈등도 생겨
그만둘 수밖에 없었지. 그래서 할 수 없이
기성 극단에 들어가야겠다는 생각이

들었어. 그때 명동극장 바로 옆에 최불암
씨 어머니가 하시던 은성 주점이 있었는데,
거기에 원로 예술가들이 매일 모였어요.
나도 가끔 말석에 자리했는데 당시 라디오
드라마로 최고 인기 연출가인 이보라
선생이 내 사정을 들으시고 당신 명함에
'손 군을 소개합니다'라고 써주시며
문화방송 제작국장이던 차범석 선생님을
찾아뵈라고 하시더군. 그래서 차범석
선생님에게 명함을 가지고 가서 인사를
드리고 극단 산하 연출부에 말단으로
들어갔지. 그때가 1969년일 거야.

이노아 그러면 산하에서 계시다가 극단 민예
극장에 들어가시게 된 건가요?

손진책 극단 산하에 연출부로 있지만, 당시엔
공연이 많이 없었어요. 허규 선생님께서
'허규 연극연구실'을 하시다가
새문화스튜디오를 만들어 연기학원을
했어요. MBC 신입 탤런트 교육을
담당하는. 당시 이미 허규 선생님은 우리
장단과 몸짓을 바탕으로 정체성 있는
우리 연극 연출을 시도하고 계셨어.
또 내가 인간적으로 선생님을 좋아했고.
거기서 내가 강사를 하면서 구자흥 씨랑
극단을 새로 만들자고 허규 선생님을

설득했어. 그래서 구자흥, 나 이렇게 해서
극단 민예극장을 만들었어요. 민예극장은
민족극 예술의 약자였어.

이노아 그럼 세 분이 중심이 되어 만드신
거네요.

손진책 허규 선생님을 중심으로 구자흥 씨와
내가 앞장을 서고 정현, 김흥기, 오승명,
공호석, 이도련 등 우리 또래들이 같이
참여를 했지. 당시 극단 실험극장 단원들이
많았는데 밤새 술 마시면서 토론을 했어.
정체성 있는 연극을 하는 극단이 없으니
꼭 이런 극단이 필요하다고 역설을 해서
허규 선생님의 승낙을 받아냈지. 그래서
극단 민예극장이 1973년 5월 3일에
창단되었지.

이노아 그런데 민예에서 어떻게 나오신 거죠?

손진책 내가 민예에 있다가 1982년도에 영국
로열 셰익스피어 컴퍼니로 연수를 가게
되었지. 문예진흥원에 그런 프로젝트가
있었어. 갔다 오니까 허규 선생님이
국립극장장(1981~1989)으로 가셔서
극단이 침체해 있었어. 결국은 내가 극단
대표를 맡아서 운영하다가 도저히
안 되겠더라고. 동료들과 연극에 관한
생각이 달라서 자꾸 분쟁이 생겨.

내가 작품을 하나 선택하면 다 우리 또래들이니까 자기에게 좋은 역할이 없으면 반대하는 거야. 그래, 내가 청춘을 바친 곳이지만 운영과 작품 모두를 책임을 질 수 있는 내 극단을 만들어야겠다 하고 나와서 우선 '손진책 연출연구실'이라고 만들었지(1986). 그때는 극단이 없으면 공연을 못 하니까 할 수 없이 극단을 만든 거지. 극단 이름은 친구 도올 김용옥에게 작명을 부탁했지. 그래서 극단 미추가 출범하게 된 거야.

전통극의 현대화 미추로 이어지다

이노아   그럼 마당극과 같은 전통극을 하시다 현대극을 하셨는지요?

손진책   내가 원래 현대극으로 시작했지. 그러다가 우리 전통 연극 공부를 하면서 마당극, 마당놀이를 만들고 극단의 목표를 전통의 현대화에 뒀어. 그 당시에는 번역극이 고답적인 예술연극이고, 마당놀이는 다 감각이 낡은 사람이 하는 거로 취급했어요. 근데 첫 해외여행이자 왕립 셰익스피어 극단(RSC)에서 연수하고 또 유럽 각국의 연극을 관찰하면서 우리가

잘 할 수 있는 연극이 무엇인지, 내 연극 선택이 맞았다는 확신이 들더라고. 사실 첫 번째 마당놀이 공연 <허생전>이 선풍적인 반응으로 구름같이 관객을 모으니 연극 보러 오신 분도 놀라고 만든 우리도 놀랐는데 그 흥분을 가지고 영국으로 간 거였어.

이노아   <돌아온 박첨지> 프로그램북 속 연출의 글을 보면, 김학수 연출은 극단 민예극장에서부터 미추에 이은 전통극의 현대화라는 사명을 자신의 것으로 깊이 받아들였던 것 같아요. 재미있는 말씀 잘 들었습니다.

손진책   재미있게 듣는 사람에게 재미있게 들리지. 옛날이야기 하는 걸 누가 좋아해. 이제 늙었다는 얘기와 다름없지. 옛날에 내가 어떻다 백 번 얘기해도 뭔 소용이야. 스스로 정신을 찾아 나서야지.

공연을 기록으로 남기며

김창기   이번 우수예술작품기록지원 조건이 3년 이상을 계속 공연한, 레퍼토리 화한 작품이 대상이에요. 학수가 한 공연을 이렇게 정리하게 되는 것 같아요.

손진책 　인형극이라는 것이 서역에서 왔지만, 고려 만석중놀이, 조선 꼭두각시놀음으로 이어져 왔어. 신의 모습을 인형으로 만들어서 축제 때 그 모습으로 춤추게 하기도 했지. 우리의 꼭두는 중국의 곽둑, 일본의 구구스와 맥을 같이 하는 것이거든. 그것이 남사당의 기예로 나름대로 토착화하면서 우리 것이 된 거야. 중요한 우리의 연극 유산이란 말이야. 거기에 관심 있는 사람이 몇 사람 있었고, 아는 사람이 몇 사람 있었고, 하는 사람은 거의 없었어. 사실은 굉장히 소중한 것을 학수가 했었거든. 꼭두각시놀음에 대한 공연 정리본도 필요한 시기이고 또 김학수를 기억하기 위해서도 꼭 필요하고 의미 있는 작업이니 마무리를 잘하길 바라.

이노아 　꼭두각시놀음 <돌아온 박첨지> 공연이 한국 연극에 어떤 의미를 남겼는지 같이 정리되면 더 의의가 있을 것 같습니다.

손진책 　이왕 하는 거면 시간에 구애받지 말고 하나의 전범이 되게 하겠다는 욕심을 부렸으면 하는 바람이야. 빨리 내는 것이 뭔 의미가 있겠어? 이제 우리 전통극에 대해서 모두가 생각해 봐야 하고, 어느 정도는 알아야 하는 거야. 그런 면에서는 탈춤, 인형극, 판소리, 그리고 굿까지 포함해서 그런 것들을 연극과에서 함께 가르쳐야 해. 현대 연극을 위주로 한다고 해도 일단은 그러한 유산들을 먼저 가르쳐야 해. 한국연극이라는 사람들이 연출하든 연기를 하든 반드시 그 과정을 거치게 해야지. 너희 연극은 뭐냐 그러면 우리 연극은 없는데요 그럴 수는 없잖아. 그런 면에서 귀중한 자료도 되고 자산도 될 수 있게 잘 만들어주길 바라요.

인터뷰 | <돌아온 박첨지> 배우 및 스태프

일 시   2020.7.26. 일. 14:00
장 소   노량진 백수광부 연습실
인터뷰이   백수광부·사니너머 단원, 손호성
인터뷰어   김창기, 김옥란
사 진   이노아
녹취정리   김동원

김창기   이 자리는 <돌아온 박첨지>
공연자료집을 내기 위해, 공연에
참여했던 배우들과 제작팀의 이야기를
듣기 위해 마련되었습니다. 극단 사니너머
운영위원이었던 저와 김옥란 선생님,
이노아 선생님이 1차로 서울문화재단
공연기록물 지원사업을 준비했고, 지원
결정 이후에 손진책 선생님, 이성열
연출, 조원종 대표로 편집위원회를
구성했습니다. 그래서 이노아 선생님이
가지고 계신 사진과 남아있는 자료를
잘 정리하고 인터뷰를 함께 수록해서
구성하려고 합니다. 오늘 이 자리에
참석하신 배우, 스태프 여러분은
꼭두각시놀음 <돌아온 박첨지>의
공연 과정을 즐겁게 말씀해 주시기
바랍니다. 조원종 대표는 좀 늦게
참석한다는 연락입니다. 그럼 김옥란
선생님이 인터뷰를 진행하도록
하겠습니다.

김옥란   '꼭두각시놀음'은 인형들이 등장하니까
배우들이 서는 무대보다 아주 작은
무대에서 공연이 되는데요. 또 이 공연은
전통을 새롭게 해석한 것도 있고, 인형도
전통 인형과 함께 새롭게 제작되기도
했습니다. 꼭두각시놀음이 단순하게
보여도, 제작 과정은 만만치 않죠.
특히나 전통극을 하시는 분들과 달리,
극단 백수광부 배우들은 새로운 표현을
주로 보여주는 현대극 배우들인데,
두 방향의 배우들이 만나서 함께
공연했다는 것도 뜻깊은 작업입니다.
앞으로 남은 과제는, 어떻게 그 작업이
이어가게 될지 그런 기대가 남아있다고
볼 수 있겠는데요. 그런 맥락에서 이번
공연자료집을 통해서 한 번 정리하고,
어떤 방식으로 작업을 하든지 여러분들이
힘을 좀 더 얻으셨으면 좋겠다는
마음입니다.

질문은 크게 세 가지예요. 일단 이 공연이 전통극에서 왔기 때문에 어떤 흐름에서 여기까지 오게 되었는지 궁금하고요. 두 번째는, 물론 야외에서도 공연했지만, <돌아온 박첨지> 공연을 하면서 실내극장으로 들어갔잖아요? 앞 무대와 뒤에 단을 높여서 뒷무대를 쓴 이중무대 아이디어가 재미있는데요. 무대화 과정에 직접 참여하셨던 디자이너 선생님께서 제작 과정을 설명해주셨으면 합니다. 세 번째로 배우분들께 드리는 질문은, 이 공연이 보통의 연기와 다르게 인형을 통해서 연기해야 하고, 게다가 장막 뒤에서 보이지 않는 상태에서 연기해야 하고, 또 창도 해야 하고, 악사도 있고, 복잡한데요. 실제로 연습 과정에서 어떻게 진행했는가를 말씀해주시면 되겠습니다.

김창기 선생님께서 지난주에 손진책 선생님과 만나서 미추에서 김학수 연출이 꼭두각시 인형극과 어떻게 연결이 되어서 작업으로 이루어졌는지, 그런 말씀들을 주로 여쭤보신 거로 알고 있습니다. 그래서 그 배경에 관한 이야기를 먼저

김옥란

해보려고 하는데요. 일단 김학수 연출 자신이 꼭두각시놀음 전수자이고, 최유송 배우님도 미추에서 활동하셨고, 박첨지 대잡이하는 분도 계셨고, 그다음에 태평소 연주자도 계셨고요. 이렇게 극단 미추와 전통극을 하시는 분들이 많이 참여하고 계신 거잖아요. 공연의 구성원들은 어떻게 모이게 된 것인가요?

유성진 조원종 대표랑 미추에서 같이 활동했던 분들이 계시고요. 김학수 대표가 만든 극단 사니너머 단원들이 있어요. 전통을 전공하지는 않은 분들입니다. 대표가 현대극에도 관심이 많이 있으셔서 그렇게

시작을 한 거로 알고 있습니다. (<돌아온 박첨지 시즌 2> 대학로예술극장 3관, 2014)

최유송 제 기억으로는 그때 김학수 연출이 백수광부(<돌아온 박첨지> 예술공간 서울, 2013)에서는 꼭두각시놀음을 잘할 것 같은 배우들만 접촉했어요. (일동 웃음) 굉장히 고심하면서 서사적인 연기를 잘할 것 같은 배우들을 고르려고 했던 기억이 있습니다.

김옥란 서사적 연기를 잘할 배우만 특별히.

김현중 하고 싶은 사람 모이라고 했던 것 같은데. (웃음)

김옥란 자발적으로 참여한 줄 알았는데요.

워크숍에서 공연으로

김창기 그때 백수광부에서 여름 워크숍을 한 거 아닌가요?

하동기 저희가 2012년도 말부터 '설장구와 꼭두각시놀음'이라는 워크숍을 발표까지 목표를 두고 진행했고요. 총 14~15명 정도 참여했던 것 같아요. 장구하고 굿거리 하는 애들까지. 중간에 여러 사정이 있어서 배우가 빠지기도 하고, 발표한 이후에는 사업을 좀 더 이어가게 되었습니다.

김옥란 처음에는 백수광부의 전통극 훈련 워크숍으로 출발을 했고, 그다음에 공연으로 연결되었다는 말씀이시네요. 이후에도 여러 차례 공연했는데요. 그 과정을 말씀해주실 수 있을까요?

하동기 그때 제가 극단 2년차인가 였는데 기획 일을 맡게 된 거죠. 근데 김학수 연출님이, 이성열 연출님도 그러셨지만, 이 공연으로 지방을 다니면 좋겠다 하셨어요. 저희가 했던 워크숍 공연이 성과가 꽤 좋은 편이었어요. 관객도 매우 많았고, 호응도 굉장히 좋았어요. 그래서 신나는 예술여행 사업지원을 하게 됐고. 회당 500만 원을 지원받아 여덟 군데 다니면서 공연하던 중에 밀양연극축제 공식초청도 받아서 참여하게 되었고요. 그러면서 11월경에는 한국예술인복지재단에서 하는 교육사업도 진행하게 되었어요. 거기에서 연극인 대상으로 꼭두각시놀음 인형극 교육도 했고, 그때부터 극단 사니너머 단원들도 활동하게 되었고요. 그렇게 자금을 모아서 12월에 본 공연을 올리게 된 것이죠. <돌아온 박첨지>를 '예술공간 서울'에서 12월에 거의 한 달간 공연하게 되었죠.

김현중

김옥란　2013년 <돌아온 박첨지> 공연부터 서서
　　　　공연하기 시작했다?

김현중　천이 덮인 무대의 공연은 다 앉아서
　　　　했어요. 막 틀을 가지고 다녔어요.

김옥란　아, 천장까지 만들어야 했던?

하동기　이게 위에 틀이 있고요. 막이 하나 있고,
　　　　뒤쪽으로 하늘 막을 이렇게 올려서 치고,
　　　　그래서 뒤가 조금 더 높은 거죠. 이렇게
　　　　내려와서.

김현중　공연 배경이 하늘색으로 보이는 거죠.

김창기　옛날 미추에서 한 적이 있는 형식이네요.
　　　　국립국악원 앞마당에서 할 때도 그런
　　　　세팅을 하고 공연한 적이 있어요.
　　　　뒤에는 하얀색 배경막을, 앞에는 까만색
　　　　천을 하고.

김옥란　그러면 보통 배우가 앉아서 인형을
　　　　조종하는 형식이었는데 왜 서게 되었나요?
　　　　혹시 극장이라는 공간에 들어오게 되는
　　　　것과 관련이 있나요?

김현중　관련 있었던 것 같아요. 그때 의자 두 개 반
　　　　정도로 좁은 막이었거든요. 그러면 안에서
　　　　앉은 상태로는 많이 왔다 갔다 못 하니까
　　　　손이 가는 정도의 동선 밖에 안 나오죠.
　　　　이제 서게 되면 동선도 훨씬 더 커지고,
　　　　무대도 극장 상황에 맞게 더 넓어지고,

야외무대에서 실내 극장 무대로

김현중　학수 선배님 생각은, 저희가 서울에서
　　　　본 공연을 하려면 관객들과의 호흡을
　　　　알아채고 느끼는 게 중요한데, 경험을
　　　　쌓기 위해서라도 지방공연을 좀 해봐야
　　　　한다는 것이었어요. 밀양까지 갔던 공연
　　　　버전들은 배우가 앉아서 공연했었거든요.
　　　　그때 박첨지를 우리 극단의 박찬서 배우가
　　　　했었고, 서울에서 한 <돌아온 박첨지>
　　　　공연에서는 선영욱이 했었는데, 이때부터
　　　　서서 공연하기 시작했어요.

그만큼 인형들이 더 움직임도 많아지고,
그림도 훨씬 더 풍성해지고. 여기에 나오는
사물패 인형이 이때 저희가 만든 장면인데,
서서 하니까 그 인형들 표현도 가능해지게
되는 거죠. 그래서 학수 선배가 서야겠다고
생각하셨던 것 같아요.

민해심 관객석 경사가 높아지니까 뒤에서 보면
막 뒤의 배우들이 다 보여서 연출님이
굉장히 고민을 많이 하셨던 것 같아요.
그래서 객석 앞 두 줄을 비우셨던 거로
기억나는데. 사물패 소리도 객석 쪽에서는
너무 시끄럽게 들리니까 조금 뒤쪽으로
올리고, 맨 뒤 관객들에게도 배우들이
안 보이게 라인을 잡으신 거 같아요.

김옥란 그 상황을 무대를 맡으셨던 손호성
선생님께서 잘 알고 계시지 않나요?
저는 극장으로 이중무대가 들어왔던 게
무척 인상 깊었거든요.

손호성 애초에 마당에서 하던 놀이를 극장에
가지고 들어오다 보니까 자연스럽게
극장에 맞는 문법으로 바꿔야 하는 거죠.
그런 시각선의 문제라든지. 원래 무대는
작거든요. 그걸 극장에 올려놓다 보니까
폭도 넓혀야 하고, 관객들한테 다 보여야
하니까 뒤도 넓혀야 하고, 이런저런

하동기

장치들을. 그런데 그게 가능했던 게 김학수
씨가 현대극을 같이 했던 사람이라서였지
전통만 했던 사람 같으면 굉장히 어려웠을
거예요. 뒤를 높여야 하고, 새로 입체로
만들고. 그리고 배경에도 소나무라든지
만석중에 나오는 그림들을 사용했는데,
그것을 다른 그림이랑 같이 쓴다는 게
전통 하는 사람들한테는 말이 안 되는
거였죠. 그런데 배경으로 쓰자 해서
자연스럽게 진행이 되었던 거 같아요.

하동기 연희하는 입장에서도 앉아서 하는 거랑
서서 하는 거랑 차이를 크게 느꼈어요.
앉아서 할 때는 아무래도 제약이 조금
많거든요. 인형을 움직이는 방향이나

모습 자체도. 제가 했던 역할만 봐도 피조리를 만나는 장면에서 앉아서 할 때는 이동하기가 어려웠는데 서서 하게 되면서 홍동지랑 싸우는 장면 같은 경우에도 훨씬 더 다이나믹하게 되었고, 인형의 동작을 크게, 전에 앉아서 할 때보다 라이브하게 할 수 있다는 걸 고려하신 게 아닐까요.

이선연 2014년도에 박용태 선생님을 모시고, 인형을 깎는 워크숍을 했어요. 선생님 댁에서 관련된 자료들도 보고, 예전에 꼭두각시놀음은 어땠는지 말씀도 들었거든요. 그런데 말씀 중에 "학수가 이상한 꼭두각시놀음을 한다"고 하시는 거예요. 선생님이 기억하시는 남사당놀이에서의 틀이 있는데, 그걸 대표님이 연극적으로 하니까 이상하다는 거예요. 그러시고, 나중에 한 번 공연을 보러 오신 적이 있는데 "이상한데 재밌다." 이렇게 말씀하시면서 뒤풀이 자리에서 '니나누난실' 노래도 부르고 가셨던 기억이 나거든요. 김학수 대표님이 항상 저희 사니머 단원들한텐 뭐라고 하셨냐면, 이 연희가 가지고 있는 고정된 틀을 연극적으로 얼마만큼 확장할 수 있고, 얼마만큼 더 가능성을 가졌는지,

나는 계속 그것을 찾아내고 싶다던 게 기억이 나요.

김창기 무대막이 반투명한 시스루였잖아요. 그게 신선했다고 생각을 하거든요. 서 있는 모습도 다 보이고, 그 안의 모습이 다 투과되서 보이는 게. 조명하는 입장에서는 안 보이는 게 좋지만. (웃음) 연출은 보여도 된다고 하니까. 어떻게 보면 지저분할 수 있는데, 그런 선택을 했던 이유를 듣고 싶네요.

손호성 제일 많이 고민했던 게 대본이었던 거 같아요. 애초에 전통을 재현하자는 게 아니어서 대본을 어떻게 현대화시키고 관객들한테 거부감 없이 더 재밌게 만드나, 그게 제일 큰 문제였는데, 속이 보이게 만든 무대막도 그런 맥락인 것 같아요. 일반 관객들은 안에서 연희하는 사람들의 모습이나 이런 민 모습을 볼 기회가 없잖아요. 그런 거를 보여주면서 일반 관객들의 관심도 더 끌고, 무대 안에서 어떤 일이 벌어지는지도 보여주고 싶었던 거지요. 그리고 고생하는 배우 얼굴들 좀 제대로 보여주고, 마지막에 커튼콜 하는 의미도 있었고요.

하동기 학수 형님도 배우 출신이라 배우들이

얼마나 잘하고 있는지를 보여주고
싶으셨던 것 같아요.

김현중 관객들도 굉장히 반응이 좋았어요.

김창기 김학수 연출이, 미추 손진책 선생님과
공연하면서 마당놀이나 한국적 서사라는
것을 잠깐 설명하는 걸 들었는데, 관객과
연희자들이 같이 합일되는 지점을
찾고 싶다, 그런 얘기를 하면서 객석도
키우고, 반투명 배경막 뒤로 배우 얼굴이
보인다든지 그런 장치를 하지 않았나, 그런
얘기를 들었거든요. 그게 효과적이었던 것
같아요. 그런 장치들이 현대적인 느낌이
들기도 하고.

김옥란 관객으로서는 마지막 커튼콜에서 천을 확
내렸잖아요. 그 순간 배우들이 보였을 때,
되게 뭉클하고 감동적이었거든요.

유성진 실컷 나를 숨기고 했더니 말이야.
마지막에 확 열어서, 나의 공간을 들키게
하는. (웃음) 농담이지만, 뭐 이렇게
배우를 순간 딱 노출하는 게. 사실
저희는 현대극 무대에 서는 배우라 그걸
바랐겠지만. 나를 노출하고, 아예 반투명
없이 배우들 다 나오면 어때요? 하는
의견도 있었고요.

앉아서 하는 공연에서 서서 하는 공연으로

김옥란 인형극 조종자도 많은 훈련이 필요하죠.
일단 인형 조종 자체가 낯설잖아요. 나무
인형이다 보니까 무겁고, 게다가 인형을
들고 서서 하게 되면 거의 벌서는 자세가
되는데요. 배우들이 인형에 접근하는
과정은 어떻게 이루어지나요?

김현중 대사들이 지금은 굉장히 쉬워졌는데,
처음에는 3분의 2는 정말 모르는
말들이어서, 대사를 파악하고 쉽게
풀어가는 데 시간을 많이 할애한 것
같아요. 한 명, 많으면 세 명 정도니까 상대
배우들끼리 대본 놓고 많이 연습도 하고,
그리고 인형을 들면 다시 대사가 생각이
안 나고, 아무 생각이 안 나거든요. 조금씩
조금씩 친해지는 단계가 있는데, 처음에는
대본 가지고 연습 좀 하고, 어느 정도 익고
캐릭터가 생기면 천을 안 친 상태에서
인형을 들어보고, 천을 치면 다시 또
까맣게 되거든요. 눈앞에 뭐가 없어도
옆 사람과 무언가 할 수 있게 조금씩
조금씩 접근을 했었어요.

하동기 처음에 했던 장구 워크숍이 가장 중요한
단계였던 거 같아요. 처음에 우리 박(拍子)

같은 걸 알고, 그 호흡이나 흐름 같은 것을 파악하게 하려고, 설장구를 가장 처음에 했던 거 같고요. 그 이후에도 사실 인형 잡기 전까지 계속 노래, 대사 이런 것들 위주로 연습을 했어요. 노래도 유송 누나가 계속 가르쳐 주셨는데, 노래 배우는 맛이나 그런 것을 하나도 모르니까 저희는 그거 배우는 거에 좀 더 집중했고, 대사를 톤이나 어떤 방식으로 얘기를 해야 하는가, 이런 것들을 알려주시면 좀 집중을 했었던 거 같아요. 그러고 나서 인형을 잡으면 형이 얘기했던 것처럼 처음부터 다시 시작해야 했죠.

유성진 우리 몸에는 자연스럽게 굴신(屈伸)이 잡혀있으니까 인형이 움직일 때 막대 인형 자체가 굴신 같은 그런 리듬을 갖고 있거든요. 장단을 갖고 있어서, 장구를 배우면서 좀 더 수월하게 작업을 할 수 있지 않았나.

김현중 처음에는 인형이 어디 보는지도 모르고 뻣뻣하게 하다가, 실제 걷듯이 해야 하는데, 이거 하느라 이거는 못 하고, 천 아래로 인형은 사라지고.

유성진 인형 하나가 작아지면, 다른 하나는 커지고.

김현중 보통 인형마다 크기가 다르니까, 저고리 어디까지는 무조건 보여야 하는데.

신은경 그리고 2014년도에 사니너머에 단원들이 들어오고 나서는 기본적인 장구 워크숍도 포함해서, 고성 오방극 기본무를 다 같이 익히도록 했어요. 한국 전통의 굴신이 몸에 배어 있어야지, 배우는 안 보이지만 인형 몸이 뻣뻣한 게 다 느껴지더라고요. 그래서 신체 트레이닝도 엄청나게 했던 것 같아요.

김현중 그러니까 저희가 서면서부터 이게 중요해진 것 같아요. 앉아서 할 때는 하체를 못 쓰니까 사실 팔로 할 수밖에 없고 인형도 더 무거웠는데, 서면서부터 탈춤이나 이런 걸 배우니까 걷는 게 더 중요해졌던 거죠. 그래서 우리가 워크숍 때는 한국적인 리듬이나 이런 것을 알려고 배웠다면, 이번에 신입 단원과 한 워크숍 때는 인형 기술에 훨씬 접근한 것을 배우려고 한 거죠. 걷는 게 안 되면 정말 아무것도 못 하거든요.

강학수 제가 처음에 학수 형이랑⋯ 제 이름을 자꾸 부르네요. (웃음) 선배님을 만났던 건 20대 초반이었어요. 그때는 되게 많이 싸웠어요. 정말 많이. 거의 주먹 가기 전까지.

그때는 잘 몰랐죠. 그런데 백수광부 공연 초연을 보고, 제가 봤을 때는 이런 공연이 없었어요. 그러니까 전통을 하는 사람들이 전통을 현대화시키는 방법이 서사를 넣어서 하는데 뭔가 어색해요. 연기술 전달이 좀 그래요. 근데 제가 공연 보고 나서, 형 너무 좋은데! 그리고 나서 <시즌 2> 할 때, 그럼 너 할래? 그래서 오케이. 전통 입장에서 제가 꿈꿨던 게 이런 거거든요. 전통을 그대로 하면 사실 전통하는 사람 관점에서는 이야기가 바뀐 거는 없어요. 인형술도 비슷하고. 그런데 인형이 하는 말도 살아있고 이 시대의 말이고, 전통적인 어법을 하더라도 전달되고 날아가지 않고, 그러니까 와! 형이 정말 많이 고민했겠구나. 그러면서 형 정말 고생했네. 형이 사니너머랑 같이 하면서도 계속 그거 갖고 부딪혔거든요. 전통을 한 사람을 다 쓰자니 연기술이 안 되고, 배우들을 다 쓰자니 형 욕심에 장단이나 이걸 또다시 해야 하고, 그래서 그런 것 때문에 같이 막걸리도 먹고 그랬던 거 같아요. 너는 어떻게 생각하냐? 형 잘하고 있는데 왜 그래. 그래서 <시즌 2>, <산전수전>도 그렇고, 김학수

선배님이 바라보는 전통에 대해서 이 방식도 맞구나, 그렇게 생각이 들었어요. 형이 제가 알기로는 굉장히 꼼꼼한 사람이었거든요. 그 꼼꼼함이 결국 전통을 했던 사람들에게 전통을 현대화를 하는데 굉장히 모범 케이스 같은 답안이 되었다, 뭐 그랬었죠.

김창기   그런데 배우들이 인형의 캐릭터를 표현해야 하잖아요. 보통은 몸과 마음으로, 표정으로 표현하는 게 우리가 익숙한 현대 연극인데, 인형극을 하면서는 인물을 객관화시키는 문제가 있었을 텐데 그것을 어떻게 극복하셨는지? 인형을 조종하면서 걸음걸이 얘기를 하셨는데 배우 본인과 인형의 인물과 거리감이 있었을 거라고 생각을 들거든요. 어떤 방식으로 연습을 하셨는지?

유성진   예, 무대에 서는 배우로서도 어느 정도 객관화하기도 하고, 어떤 인물과 최대한 그걸 맞추기도 하는데 그거랑 비슷한 거 같아요. 인형에 인물을 투영시켜야 하므로 객관화시킨다기보다도 이미 객관화는 되어있는 것이고, 얼마나 더 인물과 동일시하느냐 거기에 더 초점을 맞춰서 연습했던 것 같아요.

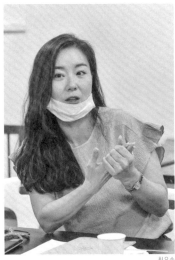
최유송

인형과 내가 하나가 되었을 때

최유송 제일 어려웠던 게 관객이 눈에 보이지 않는
거였어요. 우리가 연극을 할 땐 관객이
있는데요. 꼭두각시놀음할 땐 막 밖에서
연습할 때는 잘되다가 막 안에 들어가서
인형을 딱 잡으면 관객이 보이지 않으니까
이게 따로 놀기 시작하는 거예요. 처음에는
되게 힘들었거든요. 막 안에만 들어가면
앞이 안 보이니까 어떻게 해야 할지
몰랐는데, 연습을 하다 보니 결국 믿을 수
있게 되더라고요. 그냥 어느 순간 저도
인형도 혼연일체가 되어 제가 인형으로 쑥
들어가요. 그전에는 나에게 집중되어있는

게 인형으로 집중이 되고, 이게 더 잘되면
관계, 상대방 박첨지로 집중이 되면서
관계 형성이 되더라고요. 우리가 처음
< 박첨지 > 할 때, 에라 모르겠다, 하고
내려놓는 순간에 두 인형이 액션, 리액션이
막 되는 거예요. 그 순간 카타르시스를
느낀 적이 몇 번 있었거든요. 그래서 이게
이 인형극의 매력이다, 저는 그 경지까지
이르면 연극을 하는 것 이상으로 배우가
카타르시스를 느끼게 되는 것 같아요.
근데 그게 자주 오진 않고, 그냥 확 한번
만들었을 때, 가끔 오더라고요. 그걸
딱 뭐가 좋다, 메소드라기보다 무작정
인형 잡고 연습하는 방법밖에 없었던 것
같아요.

김옥란 인형이 살아있다고 느껴지는 때가 인형이
어디를 바라보고 있는지 인형의 시선이
정확하게 보일 때라고 하더라고요.
지금 말씀하신 것처럼 막 안에서는
배우들에게 관객이 안 보이잖아요, 상대
인형도 안 보이고. 그런 건 어떻게 하신
거예요? 최유송 배우는 꼭두각시 역할을
맡았었죠?

최유송 그것도 하다 보면 이 인형이 관객을 보는
게 느껴져요. 근데 많이 연습해야 해요.

힘 다 빼고. 근데 그때까지 그냥 욕먹어가면서 연습을 해야 해요. 어느 순간 하다가 터지면 이게 되죠. 인형이 직접 산받이를 바라본다는 느낌을 받을 때가 있어요. 산받이와 막 대화하고 연출에게 욕 많이 먹고 땀 한창 났을 때.

이선연   생전에 연출님이 산받이 역할을 굉장히 중요하게 생각하셨어요. 산받이가 관객과 막 안에 있는 인형들의 중재자라고 강조하셨어요. 또 하나는 이 자리에 안 계시지만 선영욱 씨를 김학수 대표님이 한예종에 다니면서 연희광대패 'The광대'에서 알게 된 인연으로 알고 있어요. 그때 저희 사니머를 만들기 전에, 백수광부 만나기 전에, 연희하는 분들 통해서 꼭두각시놀음을 해보려고 하셨던 거로 알고 있어요.

김현중   학교(한국예술종합학교 전통예술원)에서 공연을 했었죠.

이선연   그때 어떤 한계점을 체크하면서 결국 인형과 만나는 지점에서 배우가 할 수 있는 부분이 있구나, 하면서 되게 희열을 느꼈었데요. 그래서 여기 백수광부 분들과 작업을 하셨는데 소통도 아주 잘 되고 좋아서 꼭두각시놀음에 대한 포부와 꿈을

더 키우게 되셨다고.

김현중   막 뒤에서 이렇게 보고 있으면 결국 공연에는 인형으로 뭐 하려고 안 한 거거든요. 결국은 우리 현대극하듯이 그냥 해요. 표정도 똑같이 짓고, 그렇게 해야, 우리가 하고 싶었던 연기를 인형들이 하니까. 그러니까 박용태 선생님이 만드신 이 인형이 대단한 게 이미 갖다가 탁 올려놓기만 해도 관객들은 캐릭터고 뭐고 최악, 이게 생기거든요. 근데 우리가 과연 거기에다가 얼마만큼 어떻게 숨을 불어넣느냐 인데, 결국은 그건 나와 같이 있는 사람하고 같이 했을 때 시너지가 나오는 거라서. 그 전에 아까 물론 말씀드렸다시피 춤도 추고 노래도 부르고, 막 혼나가면서 안 된다, 어디 내려! 이러다가 결국에 마지막에는 연기 가지고 말을 할 수밖에 없어요. 연기가 완전히 되어야 인형도 연습했던 그 스킬로 다룰 수 있는 거라서. 이게 초반은 현대극 할 때랑 다른 것도 같지만 결국 마지막은 똑같았던 거 같아요.

유성진   저희가 지방에 다니면서 아이들이랑 작은 인형극 체험을 하거든요. 그럴 때 느끼는 건데 사실 이 막대 인형이라는 게 무슨

특별한 기술이 있는 건 아니잖아요. 일단 가장 순수한 아이들이 인형을 통해서 자기의 어떤 얘기를 할 때, 이 인형이 살아나는 거 같아요. 그 어떤 것도 아니고. 솔직하게 이 인형을 대할 때. 그 아이들을 보면서 그런 걸 많이 느껴요. 아이들이 인형극 하는 걸 보면서.

최유송 저는 기억이 나는 게, 학수 선배가 처음에 박첨지 하는 거 봤는데 헉! 진짜 깜짝 놀랐어요. 어떻게 저렇게 하지? 이거 '세상에 이런 일이'에 나올 정도의. (웃음) 진짜 그러지 않았어? 나는 진짜 박첨지 처음에 하는 거 보고 너무 놀랐고, 그다음 두 번째 영욱이가 했는데 하긴 하는데 묘하게 잘 하는데 이게 배우가 하는 거하고 연희자가 하는 게 느낌이 묘하게 달라. 그다음에 현중이가 했는데 너무 놀란 게 현중이가 그걸 따라 하는 거예요. 솔직히 학수 선배가 처음에 했을 때, 이거는 아무도 못 따라 한다고 생각했었어요. 어떻게 그렇게 막, 박첨지가 출렁출렁 어깨까지 흔들면서 막 하잖아. 근데 그걸 누가 해? 하는데 현중이가 하더라고요. 그래서 저는 학수 선배가 왜 배우로 하려고 했던가, 이유를 알았던 게 이걸 뭐라고

표현하지는 못하겠는데 느낌이 다르고, 현중이에게 저는 되게 놀랐어요. 학수 선배만큼은 아니어도. (웃음) 그건 이제 나이와 어떤 경력이 있으니까.

김창기 연기 잘하면 잘하게 되어있다니까요.

최유송 그 이후에 현중이 연극 봤는데 잘하더라고요. (웃음)

강학수 <시즌 2> 때, 전 주로 김현중 이 친구랑 많이 했었는데, 사실 전통을 처음 배우면 박자만 맞춰요. 그런데 아까 배우의 몫이라는 게 저도 동의가 되는 게 이 친구는 춤을 시키면 박첨지처럼 그렇게는 못 출 거예요. 어느 정도 고수가 되면 장단을 따라가서 춤을 추는데, 덩 하고 가고 장단 사이를 이제 왔다리갔다리 이렇게 되는데, 학수 선배 정도 되면 그걸 할 수가 있죠. 그러면 그 미묘한 차이 때문에 사람들이 막 움찔움찔하고, 어후, 돈 걷어라! 하고 그러는데, 이 친구를 보니까 해요. 타령을 기가 막히게 이해하고 있는 거예요. 쟤가 정말 저거를 음악적으로 이해하는가 보면, 아 아니다. (웃음) 근데 연기로, 결국은 박첨지가 움직이니까 뒤에서 보거나 옆에서 보고 있으면 그냥 인형이랑 같이 뭔가를 하고 있으니까. 아까 말씀하신

것처럼 배우의 몫이, 연희자의 몫이 다른
연기술 같은데 결국에는 같은 것 같아요.
배우가 움직이면 결국에는 자연스럽게
사악 녹아드는 것 같아요.

하동기 그 합일되는 지점들이 굉장히 중요하다고
생각하는데 저희가 인형을 개체라고
생각하지만 사실 이게 배우들에겐 입어야
하는 캐릭터이고, 그게 제가 현대극을
연기할 때이건, 인형극을 연기할 때이건
마찬가지라는 거죠. 그런 지점 때문에
신입 단원들에게 인형극 교육을 하면 좋은
연기 훈련이 된다는 생각이 들어요. 우리가
캐릭터를 만난다는 작업 자체가 이 인형과
합일되지 않으면, 보이는 관객들에게는
그냥 인형극을 따라 한다, 가 되지 인형을
가지고 하고 있다는 느낌이 들지 않기
때문에 그런 부분들이 아마 좀 중요하지
않을까.

김옥란 관객들 입장에서는 그런 것도
궁금하거든요. 보통 공연에서 배우를
캐스팅할 때, 배우의 신체 이미지나 배역에
알맞은 성격들을 보잖아요. 신체 이미지
자체도 기호니까. 남성과 여성도 기호라고
할 수 있는데, 이 인형극은 장막 뒤에 있고,
대부분 일인다역을 하지 않나요?

유성진

최유송 박첨지 빼고, 다 일인다역이었어요.

김옥란 박첨지 빼고?

유성진 그런데 이상하게 우리 극단이나
사니너머에서 했던 공연에서 홍동지
역할을 맡는 배우들은 이상하게 홍동지랑
너무나도 닮았어요. 조원종 대표도 그렇고,
이반석 배우도 그렇고. 그래서 공연 중에
이반석 배우가 막 위로 빼꼼 객석을
내다보았던 적이 있어요.

김옥란 굳이 안 내다보아도 되는데.

유성진 얼굴을 내밀었던 것도 너무 똑같이
생겨서, 그런 연출적인 생각을 하지
않으셨을까.

김옥란 캐스팅은 어떻게 하나요? 이 공연은

전통극이기 때문에 소리와 창, 이런 것이
일단 기준이 되는 건가요?

최유송 배역 캐스팅할 때요?

민해심 이미지 캐스팅이요.

하동기 인형극을 만들어서 캐스팅하는 경우에는
특징을 살려서 하기는 하지만 이미지가
중요한 거 같아요. 인형과 이 인물의
이미지가 어느 정도 맞을 수 있는가.
그래서 표현하는 성품이나 캐릭터 분석을
하는 것과 이 배우가 이 역할을 하면
어떻게 해낼까? 이런 지점이 맞아떨어지는
부분들을 생각하게 되는 것 같아요.
공연들이 다 그렇지 않을까. 성진이 형이
장돌뱅이 하는 초라니 같은 그런 것도
사실은…

유성진 개인적으로 저는 그쪽이 아닙니다.
끌어내신 거죠. (웃음)

김옥란 나온 김에 캐릭터별 자기 인형 소개 좀
해주시면.

유성진 저는 초라니죠. 평안감사도 하고. 초라니는
처음 학수 형이랑 같이 만든 캐릭터이기
때문에 초라니를 가장.

김옥란 초라니는 원래 전통극에는 없는데, 이번
공연에 처음 들어온 거죠?

유성진 네, 학수 선배가 버나 돌리는 인형을

만들고 싶어 했었어요. 저는 후발대로
참여를 했는데, 제가 인형을 만드는 거나
인형에 관심이 좀 있었으니까, 학수 형이
네가 버나 돌리는 인형을 한번 고민을
해보라 했죠. 그때만 해도 버나를 돌릴 줄
모르는데 버나 돌리는 인형을 고민하라고
하니까. 버나를 어떻게 돌리는지 원리를
알아야 하니까 버나를 배우면서 다양하게
아이디어들이 나왔어요. 내가 돌려야
될 거 같으니까, 내가 그냥 손으로 잡는
인형을 만드는 게 낫겠다. 뭐 이러한
생각을 하게 된 거죠. 그래서 하나를
만들었고, 혼자 나오면 또 심심할 거
같으니까, 제가 왼손잡이인데 오른손이 놀고
있으니까 그냥 양쪽을 쓰자. 그렇게 처음
시작이 되었던 거 같아요. 버나 돌리는
초라니 인형이.

김옥란 먼저 캐릭터가 있고, 그걸 살리기
위해서 조종하기 편한 인형을 스스로
제작하고?

유성진 예, 그렇죠. 그래서 뭐, 다양하게 여러
방법 뭐, 인형 정수리에다가 올려볼까?
근데 나무로 만들어진 인형이라 돌릴
수 없더라고요. 그러면 원래 곰방대로
돌리니까, 곰방대 짚고, 나무때기 한 짝

집고, 그럼 그걸로 인제 고민을 해보자,
해서.

김창기 　연습 기간은 어느 정도였어요?

유성진 　그때 제가 이사한 집에 성북동 어떤
방에 가면 아직도 버나 연습하면서 스친
빨간 자국이. 예, 벽지에 굉장히 많이,
페인트칠해 놓은 것처럼 있어요.

김옥란 　저는 그 인형이 너무나 신기한 것이 어떤
장치가 있는 줄 알았어요. 꿩 사냥할
때도, 꿩이 이렇게 객석 위로 나갔다가
돌아오잖아요. 그래서 뭔가 안 떨어지는
장치를 했구나, 했는데.

하동기 　맨날 떨어졌어요. (웃음)

유성진 　매일 떨어뜨렸어요.

김경희 　떨어지면 어떡하지. 항상 멘트
준비해놓고.

김옥란 　제가 볼 때, 한 번도 안 떨어져서요.

유성진 　간혹 성공할 때, 선생님이 오신 거예요.
(웃음) 근데 저는 왼손잡이라 왼손잡이
버나 돌리는 사람이 주변에 없는 거예요.
(웃음) 그 이치를 깨닫는데 굉장히 시간이.
(웃음) 그래서 배워놨더니 아, 이렇게
돌리니까 인형이 안 보이는구나. (웃음)
이렇게 굉장히 어려운 과정을 겪고 겪어서
시행착오가 컸어요.

김경희

신은경 　담배도 진짜 많이 피우고. (웃음) 버나
숨겨놓으라고 얘기하고.

김옥란 　그럼 버나 성공했을 때, 성공하지
못했을 때, 산받이가 준비해놓은 대사가
뭐였나요?

유성진 　첫 번째 떨어지면 뭐, 두 번째 떨어지면 뭐.

김경희 　나무에서 떨어질 수도 있는 거, 그렇지
뭐. 다시 힘을 내서 해보자. 이런 거 이런
거 하고, 두세 번 하고, 어떤 날은 여섯 번
떨어진 날도 있어요. 한번 안 되면 진짜
계속 안 되는 거예요. 들어가!!! 들어가!!
들어가라고! (웃음) 그래도 자기가
아무래도 욕심에 한 번 해봐야겠어, 또 하는
거예요. 그럼 박수치라고 막.

강학수

무대 밖 산받이의 역할

김옥란　아까 유송 배우가 산받이가 밖에서
　　　　잘 받쳐주는 역할이 중요하다고
　　　　말씀해주셨는데. 밖에서 인형들을 바라볼
　　　　때 어떤가요?

김경희　밖에서 볼 때는, 우리가 다 같은 팀인데
　　　　너무 분리된 것처럼 느껴지는 거예요.
　　　　그래서 되게 외롭고, 그리고 밖에서 학수
　　　　선배님은 꽹과리도 같이 치시고, 막
　　　　이러셨었거든요. 그런데 학수 선배님은
　　　　박자를 굉장히 중요시하셔서 첫 박 들어갈
　　　　때, 시작할 때, 이런 거 할 때, 박자를
　　　　우리끼리도 막 호흡하면서 어이! 얼씨구!

이렇게 하는데 박자를 조금 엇나가거나
느려지거나 이러면 선배님이 갑자기
(발로 바닥 차며) 이렇게 하세요. 그럼
이제 같이 호흡하려고 즐겁게 했다가 내가
늘어지는구나, 확인하고, 학수 선배님 보지
말아야지 돌아앉고. (웃음) 최대한 눈
안 마주치고. 왜 그래요? 이런 표정을 지을
수가 없으니까. 계속 웃으면서 틀렸나
보다. 맞추려고 엄청나게 노력했던 기억이.
선배님이 말씀하셨던 것 중에 어려웠던
게, 대사를 주고받지 마. 말을 하지 마.
그런데 그 대사를 전달력 있게 해야 하고.
그런 것들이 있잖아요. 근데 전달하지
말라고, 그러니까 대사를 주지 말라고,
계속 얘기하시는 거예요. 이해가 정말
안 갔었거든요. 그런데 그런 생각 하면서
말을 하는데 그래, 이렇게 하는 거야! 근데
사실 그것도 잘 이해가 안 갔거든요. 내가
어떻게 했었지? 어떻게 해야 하지? 진짜
고민을 엄청 많이 했었던 것 같아요.
막 안에 있는 배우랑 말을 하면서도,
그러니까 선배님이 계속 저 사람의 말을
그냥 받아쳐서 너도 여기 앉아있는
사람이랑 똑같이 생각해라. 그 말이 그때는
이해가 안 가서 되게 힘들었었어요.

김창기 산받이는 배우와 연결해주기도 하고, 관객들과 연결해주기도 하고, 그 중간자 역할이잖아요. 그러면서 이게 보기에는 관객에게 주는 대사처럼 볼 수도 있고, 그런 것일 수도 있을 텐데 그게 나도 잘 이해가 안 되는데.

강학수 그게 제가 <박첨지> 처음 공연 때 봤으니까. 산받이를 정말 저보다 훨씬 잘하셨어요. 제가 생각하는 산받이는 저래야 한다, 였거든요. 근데 전통을 한 사람은 딱 저처럼 양식화가 돼요. 말이. 말이 양식화가 되고, 야외에 나갔을 때는 버전이 바뀌어야 하고, 이렇게 되기는 하는데. 근데 산받이가 결국은 배우랑도 연결이 되고 관객이랑도 연결이 되어야 하니까. 극으로 훅 들어가도 안 되고, 관객 입장에서 그냥 넋 놓고 있어도 안 되고, 그러니까 그 사이에서 계속 줄을 타야 하는 거죠. 그런데 극장에서 산받이를 배우가 하니까 저렇게 되는구나. 말이 다 살아있네. 그 말이 진짜 재밌는 말이었네. 제가 산받이를 많이 했었음에도, 야 이거는 저렇게 말하는 게, 어… 그러니까 되게 신기했죠. 근데 야외 마당으로 넘어가면 이게 좀 다른 얘기가 되거든요. 학수 선배가

손호성

지방에 갔을 때는 연희자의 모습을 원해요, 산받이한테. 그게 그런 쪽으로 비중을 약간 줘야지, 또 맞는 게 생겨요. 산받이는 결국 계속 줄타기하는 광대인 거 같아요. 인형극에서. 계속 왔다 갔다.

김옥란 야외 공연일 때, 더 연희자의 모습을 원한다?

강학수 네, 그럴 수밖에. 이게 공간이 더 확장되니까. 공간이 야외가 되면, 포장막 쳐놓고 공연하는 옛날 느낌이 되니까. 에너지가 퍼지거든요. 근데 전통을 했던 사람들은 기본적으로 말이 다 퍼져요. 결국, 탈 잽이도 그렇고, 탈을 뚫고 말이 나가니까. 그런데 연희자들이 극장 무대로

오면 그 집중을 못 시켜요. 근데 배우들은
야외에서는 약간 좀 힘들 순 있죠.
근데 이제 학수 형이 만들었던 프레임
보고, 형이 만든 거 맞지? 주문해서.

유성진 예, 예. 맞아요.

강학수 막 프레임을 저도, 예전에 저희도 인형극을
했으니까. 저런 거 알루미늄 가벼운 거로
해서, 한 번 만들었으면 좋겠다고 했는데
학수 형이 그걸 만들었더라고요. 그걸.
오! 그러니까 참, 그런 게 자꾸 생각이
나네요.

김옥란 사물놀이 등 다양한 타악기도 더 들어온
것으로 알고 있는데요?

최유송 원래 있지 않나?

일동 예, 원래 사물이 다 있죠.

김현중 오히려 저희는 거기에 심벌즈, 목탁 소리,
타악기, 그런 현대적인 효과음으로 사용된
것들이 많이 있었죠.

유성진 타악기가 많이 들어왔죠.

일동 나발도, 태평소도.

하동기 사물하고 태평소까지는 갖추고서 진행을
했고, 여기에 워낙 학수 형이 타악을 많이
하셨으니까 다양한 타악기를 넣어서
효과를 많이 내셨죠.

이선연 이 인형극에 다양한 장르가 들어오잖아요.

그래서 고민 끝에 녹음된 음악으로 하려고
했었거든요. 근데 이게 공연이 살아있는 것
같지가 않다, 해서 다시 악사로 바꾸셨던
적도 있고요. 인형이 몇 개 안 나와도 뒤에
최소 다섯 명 이상 배우가 있어야 공연이
갈 수가 있거든요. 그러다 보니까 프로젝트
성으로 공연을 할 때는 호흡이 맞지 않아서
힘들었어요. 그때 대표님과 대화를 나눈
적이 있었는데, 꼭두각시놀음은 배우가
인형과 만나는 것도 중요하지만 배우와
배우들 간의 호흡도 굉장히 중요하다고
하셨어요. 백수광부에서 했던 공연에서
장점이 뭐냐면 배우들이 이미 너무나
친밀한 사이기 때문에 빨리 그 공연을
완성해 나갈 수가 있었고, 사니머에서도
저희 단원들이랑 그런 지속성을
갖추려고 많이 노력하셨거든요. 배우가
하는 인형극이 아니라 배우'들'이 하는
인형극이다, 라는 대표님 말씀이 또 기억이
나네요.

김현중 배우들도 그렇고, 작품 자체를 올리려고
노력하신 것도 있고. 전통 쪽도 잡아야
하고. 그런데 노래가 단시간에 안 되죠.
악기도 안 되는 거지만. 사운드에 굉장히
민감하신 거 같아요. 왜냐하면 그 사운드가

퀄리티에 영향을 많이 주니까. 뭐 노래야
우리가 이렇게 기운이 있고, 막 이러고
중간마다 들어오니까 괜찮은데 악기는
처음부터 생짜로, 이건 무조건 전통이야.
이건 가락이니까. 어마어마한 연습이
필요한 거예요. 그 퀄리티가 처음부터.
아, 이게 전통극이었지. 딱 이거랑 닿아
있으니까. 그래서 사운드도 그렇고, 조명과
스피커 상태도 그렇고, 우리가 지방공연
1, 2년 다니는 동안 거기에 굉장히
예민하셨거든요.

신은경

김옥란   네, 민해심 배우가 지금도 울려고 하네요.
눈물이 그렁그렁하네요. (웃음)

무대 디자인과 인형 제작

김창기   손호성 선생님께 무대 공간에 관한
이야기를 더 듣고 싶은데요. 굉장히 독특한
구성으로 입체적인 공간을 만드셨는데
어떤 의도가 있었나요? 일단 악사와
산받이 층이 있고, 배우가 연희하는 층이
있고, 그 뒤에 쭉 지나가는 평안감사 행렬
장면이 있고, 그 뒤에 막이 있었잖아요.
이렇게 몇 가지 층으로 보여서 보통
우리가 보는 연희하고 다르게 굉장히 깊게

보였다, 할까. 극장에서 초연할 때, 조명도
조금씩 다르게 하긴 했었는데 그래서
그런 깊이감이랄까 입체감이 훨씬 더
살아났던 거 같은데. 어떻게 보면 인형극은
공간적으로 입체감이 만들어지기
어려운데 어떻게 구성하셨는지?

손호성   아까 말씀드린 거하고 크게 차이는
없는데요. 애초에 우리 마당은 경계 없이
확장되는 공간인 데 비해서, 극장이라는
폐쇄된 공간으로 오다 보니까, 그 문법에
맞춰서 만들다 보니까, 사실 객석하고
연기자 사이에 산받이가 자연스럽게
있어야 하는데 무대랑 객석은 나누어져
있고, 그러다 보니까 이걸 무너뜨리기는

민해심

참 난감하고 해서 그 안쪽을 여러 겹
만들어 입체적으로 만들고, 기능적으로
연희자들도 좀 편하게 만들고, 구도도
좀 재밌게 만들고, 이런 걸 생각하게 된
거 같아요. 그리고 무대 디자이너로서
제가 욕심을 냈던 거는 우리도 전통을
좀 재밌게, 새로운 것도 만들어 보려는
거였죠. 조금 더 다양하게 전통
남사당 놀음 자료를 여기저기서 많이
찾았었거든요. 뭐 실제로도 보러 다니고
그랬는데 항상 하시는 분들은 그대로만
하는 거야. 소리도 그대로 하고. 근데
재밌는 것은, 서산 박첨지 같은 경우는 또
다른 형태의 인형들이 있고, 분명히 이게

지역마다 시대마다 다르게 깎고 또 새로
만들고 했을 텐데, 생각이 들었죠. 그래서
극장이라는 실내 공간 때문에 못 하는 것도
있지만, 조명이나 막을 이용한 장면 전환
같은 것들이 가능해지기도 하죠. 만석중
장치도 더 적극적으로 시도하려 애썼는데
시간이 부족했어요. 소나무 배경과 함께
해와 달이 뜨고 지고, 또 구름도 흘러가고
하는 식으로 해보려고 했는데.

김옥란 　구름이 흘러가는 장면이 있었는데, 그건
　　　　영상이었나요?

일동 　　사람이, 사람이 움직였어요. (웃음)

신은경 　상여 거리라든지 이런 거는 사실 우리가
　　　　쉽게 볼 수 없잖아요. 근데 그런 것들을
　　　　이렇게 무대 위에서 거리감을 가지고
　　　　오랫동안 흘러가면서 볼 수 있다는 게 저는
　　　　진짜 좋았었던 거 같아요. 그런 부분들이.
　　　　무대를 통해서 볼 수 있었던 게 진짜
　　　　좋았던 거 같아요.

김옥란 　새롭게 제작한 인형들도 있었죠? 저는
　　　　꼭두각시극 인형들이 재미있는 것이, 마치
　　　　피카소 그림처럼 크기도 다 제각각이고
　　　　표현도 굉장히 자유분방하죠. 서양
　　　　인형들은 그냥 인체 비율로 그대로
　　　　만들잖아요.

손호성   손가락만 한 것부터 실제 사람 머리만 한 것까지 얼굴도 크기가 다르고. 저는 이 공연을 만들면서 박용태 선생님 모시고, 직접 우리가 인형을 깎으면서 만들어 본 그 기억이 제일 값진 기억인 거 같아요. 실제로 모시고 한 일주일 깎았어요. 오동나무 잘라다가 깎고.

김옥란   인형 제작을 같이 경험하셨군요.

손호성   특이하게도 남사당은 오동나무거든요. 지방마다 다 다른데 하회탈은 오리나무를 깎아요. 저도 오동나무를 쓰신다길래 처음에는 굉장히 무른 나무인데 오동나무로 어떻게? 근데 마감하는 걸 보니까, 아, 이유가 있더라고요.

김옥란   오동나무는 어떤 특징이 있나요?

손호성   가볍죠. 근데 나무가 가볍고 깎기가 좋은 대신에 마감하기가 힘들거든요. 근데 코팅하듯이 매끈하게 재료를 마감하시는 걸 보니까 저렇게 하는구나, 싶더라고요. 굉장히 값진 경험을 했죠.

김옥란   신체 표현도 팔이 있는 애들이 있고, 팔이 없는 애들도 있고, 몸통만 흔드는 애들도 있잖아요. 그러니까 이게 캐릭터가 먼저 있고, 그게 설계가 되어야 그 인형이 나오는 것 같아요. 그러니까 보통 인형처럼 팔다리 다 있고, 그런 것이 아니라.

손호성   굉장히 다양해요. 뭐 형식도 팔이 움직이는 친구도 있고, 손가락 인형도 있고, 귀가 움직이는 인형도 있고.

김옥란   귀?

하동기   귀가 이렇게 떨리는 인형이 있어요.

신은경   '귀팔이'라고, 이렇게 하면 귀가 덜렁. 실로 연결이 돼서, 이렇게 움직이는 친구가 있어요.

손호성   보통 서양 인형을 보면 그렇게 다양하지 않거든요. 꼭두각시 인형은 굉장히 다양하게 섞여 있어요. 크기도 마찬가지고, 굉장히 재밌는 거 같아요. 절 짓는 그런 장면 같은 경우는 뭐 아주 기가 막힌 거 같아요. 또 학수 씨가 꿩 날리는 장면을 재현해냈다고 굉장히 좋아했어요. 한동안 그걸 한 사람이 없었는데.

김옥란   네. 저도 그 장면 보고 깜짝 놀랐어요. 꿩 사냥 장면에서 꿩이 관객석 머리 위까지 날아왔다가 들어갔잖아요.

손호성   저희도 말로만 들었지 하는 걸 본 적이 없었거든요.

유성진   예전에는 꿩 인형을 달아놓은 상태에서 그냥 대사만 했다가 실제로 한번 해보자 그래서 하게 되었어요.

김현중 그 장치는 저희가 만든 게 아니고 인형에 원래 다 장치가 되어있는 거였어요.

유성진 어떻게 운영하는지를 몰랐지요.

김옥란 근데 어떻게 찾아낸 거예요?

유성진 찾아낸 건 아니고, 달린 걸 어떻게 날려보자. (웃음)

김현중 대충 이런 식인데! 한 번 해보자! (웃음)

유성진 여러 사람이 머리 맞대고.

김현중 약간 고장 난 부분이 있었던 거 같아요. 떨어져 나간 부분은 보수하고, 하다 보니까 잘못된 거 같은 부분도 고치기도 하고.

하동기 말 타고 다니던 평안감사에서 말도 빼고, 뭐 그런 식으로 여러 가지 수정을 했던 것 같아요.

손호성 말은 원래 서산 박첨지에서 사용하던 평안감사의 말이었지요.

김옥란 그렇게 새로운 인형이 들어갈 때, 기존 인형들하고도 어울리면서, 무엇을 기준으로 하는지 잘 모르겠더라고요.

손호성 사물놀이 인형 만들 때, 제일 좀 난감하고 어려웠었는데. 아니 사물놀이를 하자고? 했죠. (웃음)

신은경 학수 선배님도 사물놀이를 무대 선생님께 만들어달라고 툭 던져주시고, 우리에게는

일단 각목에다가 상모 달아놓고 연습을 하라고 하시는 거예요. 무대 선생님이 인형을 만들어주실 거야, 그러고. (웃음) 그래서 상모 돌리는 연습을 계속한 거예요.

손호성 상모 만드는 게 쉽지가 않더라고요. 하여튼 뭐 그런 식으로 어떻게 했어요.

유성진 아크릴로 만들어 오기도 하시고, 다양하게 만들어 오셨었어요.

강학수 상모는 실제로 굉장히 어려워요. 상모는 지금도 수작업으로 만들어야 하거든요. 실을 꼬아서 멍에 만들고, 다 손으로 해야 하는데, 사실 이게 돌리려면 (머리를 돌리면서) 이렇게 돌려야 되는 거거든요. 근데 인형에 상모는 이렇게 위아래로 돌면서 나비사도 하고, 이렇게 되는 거라. 그런데 상모도 그렇고 꿩 달린 인형도 그렇고, 제가 해보고 싶었던 거였는데 (웃음) 하네? 아아, 했네? 형이!

김경회 그거 할 때, 서로 하라고 미루던 거 생각나요. 그러니까 다 서서 못하고, 다 무릎 꿇고, 굽실하면서 거울 보고, 다 막대 잡는데 팔이 아프잖아요. 안 들어가고, 혼나기 싫으니까 자, 다음 빨리 너 해. (웃음) 계속 바꾸고 막.

민해심 연출님도 이걸 본인이 하셨던 건 아니니까. 상모를 직접 돌리셔도, 인형으로 하시는 거는 처음이니까 연출님도 연습을 많이 하시더라고요. 야, 이걸 못하냐고 시범을 보이시는데 못하시는 거예요. (웃음)

강학수 인형으로 상모 돌리는 게 더 힘들어요. 사실 사람 몸에 딱 붙어있으면 이렇게 고갯짓으로 탁 잡을 수 있는데 인형은 자기중심에서 더 멀리 떨어져 있으니까 힘들어요. 그런데 인형으로 양사(상모를 한쪽 방향으로 두 번 돌리는 것)하는 걸 보고, 오! 양사를 한다고? 저게 되네? 대단하다고 생각했죠.

유성진 양사는 별거 아니에요.

강학수 오 그래? 번개사도 하고 막 그래?

유성진 그건 잘 모르겠어요. (웃음)

손호성 상모가 제대로 좀 돌아가니까, 그다음에 장구를 어떻게 쳐보자고. (웃음)

유성진 줄타기도 하려고 했었다고, 줄타기도.

신은경 줄타기 인형도 만들어 놓고.

김경희 근데 진짜 줄은 못 타고, 이렇게 앉아만 있었던 거로. 그 육방 인형도 저희가 각자 하나씩 맡아서 깎았는데 희한하게 자기 얼굴을 닮았더라고요. 그게 진짜 신기했어요.

김옥란 인형 조종하시는 분들 보니까 인형을 살아있게 하려면 배우가 직접 자기 인형을 깎아야 한다고 얘기하더라고요. 그 뒤에 저도 김학수 연출하고 <하녀 빠빵자매>라는 공연에서 하이브리드 인형극 공연을 같이했는데, 결국 시도는 못 해봤는데 원래는 배우들이 인형을 만들어야 한다고, 계속 그런 말을 했었어요.

하동기 성진이 형이 그래서.

일동 초라니, 초라니.

유성진 좋은 사례죠. (웃음)

재담의 화술과 풍자

김옥란 꼭두각시놀음의 또 하나의 특징은 풍자와 해학이죠. 대사가 굉장히 중요한 전통극인데요. 꼭두각시극의 화술은 일반 현대극하고 어떻게 다른가요? 아까 악기는 박부터 들어가고, 인형도 장단부터 들어가면서 연습한다고 하셨는데?

김현중 그러니까 이게 코메디아 델 아르테 같이 정해진 캐릭터가 다 있고, 그걸 수십 년간 해온 화술이 다 있어요. 거기서 박첨지 역할을 하는 사람에 따라서 색깔이 달라지는 거지요. 그러니까 학수 형님을 보고 따라하는 게 먼저고, 그다음에 중간중간 다른 캐릭터들도 거기는 올려야 된다, 거기는 천천히 해야 한다, 거기는 빠르게 해야 한다. 뭐 어느 정도 이런 포인트들은 다 있어요. 말투나 이런 것들, 그걸 먼저 익히는 게 제일 우선이었죠.

김옥란 말투를.

김현중 예, 예.

김창기 전통극의 화술이, 연습하는 것이 어쨌든 따라 하는 게 우선 먼저인가요 아니면 뭔가 특별한 접근 방법이 있는 건가요?

유성진 글쎄요. 저희 중에 전통 화술이라고 해서 딱히 그걸 알고 있는 사람이라고는 학수 형 하나였기 때문에 현중이가 얘기하는 것처럼 일단 많이 따라했던 것 같아요.

김현중 그런데 그런 건 있는 것 같아요. 현대적인 공연에서는 감정을 보이려고 대사를 한다면 여기는 아까 얘기했던 거리가 두어지고, 그런 느낌 때문에 빠르기, 자기 템포, 뭐 이런 게 우선시 된다, 랄까. 예. 그래서 말이 노래 같이 들리게. 그게 중요했던 것 같아요. 그래서 유송 누나랑 연습한 노래가 대사하는 거랑도 굉장히

연관이 많았던 거 같아요.

유성진 대사 자체가 3, 4조나 운율이 있게 쓰여져 있어서.

하동기 특히 박첨지가 하는 첫째 거리 대사는 기본적으로 운율이 워낙 노래처럼 되어서 그것들을 파악하고 따라가는 것이 우선이었던 것 같아요. 대본 자체의 리듬이나 운율을 먼저 파악하고, 그걸 따라서 말을 하다 보면 그쪽으로 다가가는 지점들이 있지 않았나 해요.

최유송 아까도 말했듯이, 판소리 아니리조랑 비슷하고, 시조 읊듯이 했던 그런 조를 정형화한 틀 안에서 그냥 하긴 하는데 반응할 때 집중해서 잘하는 거? 주고받는 거를 잘하는 거? 그게 저는 약간 포인트라고 생각하거든요. 그러니까 말투는 아니리조로 하는데 상대방 대사와의 관계 속에서 반응하게 되어지죠. 연극에서 이렇게 리액션이 순간 살아있게끔 그래서 연극이랑 같다고 느끼는 게 그 부분인 거 같아요. 살아있는 거, 그 안에서 잘 듣고, 리액션 하는 거. 그리고 감정표현을 우리가 연극을 하듯이 하는 게 아니라 약간 좀 서사적으로, 한 단계 좀 뛰어넘어서 해학적으로

표현하는 거, 막 이런 거. 소리하듯이,
소리에 그런 느낌으로 옛날 사람들이
그렇게 했던 거 같아요. 저 같은
경우도 미추에서 꼭두각시놀음할 때,
녹음테이프를 듣고 했거든요. 그걸 듣고
아, 이런 느낌이구나, 이렇게 똑같이 따라
하거나 이 느낌으로 하고, 여기에 플러스
제가 하고 싶은 거하고. 누가 했느냐에
따라서 굉장히 색깔이 달라지는 거 같아요.
그 차이. 그래서 제가, 백수광부 배우들
보고 되게 잘했구나, 느꼈던 게 뭐냐면
액션, 리액션 잘했을 때, 즉각 살아있게
반응했을 때, 어우 잘한다고 느꼈던 것
같아요.

하동기   김학수 연출님도 전통적인 화술을
요구하기보다는 먼저 배우들의 말로 할 수
있게 기본적인 것들을 가장 먼저 가지고
있되, 그러니까 대본의 운율이나 전통적으로
전해 내려오는 방식들을 유지하되
그 안에서 배우들의 말이 살아있어야
한다고 많이 말씀하셨어요. 그 부분들을
많이 신경 쓰고 했던 것 같아요.

강학수   보통 전통을 하는 사람들은 재담이든
탈 재담이든, 아까 말씀하신 판소리
아니리든, 도제식으로 내려오다 보니까

이선연

정확하게 정해져 있어요. 그리고 또
한국적인 리듬 속에서 그게 나오는
거니까. 근데 보통 전통을 했던 사람은
거기서 끝난 거거든요. 끝나요. 그냥 거기
선생님이 했던 말 양식을 그대로 한 거에서
끝나는데, 학수 형이 운이 좋았던 건지
아니면 형이 그렇게 의도했겠죠. 배우들을
만나면서 배우가 가지고 있는, 당연히
가지고 있는 자기 입장이라는 걸 정확하게
실으니까, 저도 처음 봤을 때 우리나라
재담이 저렇게 재밌는 거였어? 그러니까
결국 한국적인 재담이라는 화술은 그게
전통하는 사람들한테는 사실 너무너무
쉬운 거일 수 있는데, 일반 현대극을 했던

사람들은 어떤 기본적인 형태를 갖춘 틀이 딱 있으니까 여기서 이걸 배우들이 조금씩 깨고 또 깨고 확장하고 했던 거 같아요. 백수광부 배우들이 그래서 시즌2에서도 각자 자기 나름의 색깔을 조금씩 더 발전시킬 수 있었던 거 같아요.

김옥란 재담이 현재와 만나는 지점은 풍자가 지금 현재 우리 현실과 만났을 때, 아, 바로 지금 우리 얘기구나, 라고 느끼게 되었던 것 같아요. 그런 맥락에서 <박첨지>에서는 윤창중 에피소드가 새롭게 들어갔고, <시즌 2>에서는 세월호 직후여서 세월호 이야기도 반영이 되었죠. 이런 과정은 공동창작의 결과인가요?

김현중 일방적으로 선배님이 만들어 와서 이렇게 하자, 그런 방식은 아니었던 거 같아요. 윤창중이나 세월호 같은 경우는 여러 명이 같이 장면을 만들어야 하니까, 그런 화두를 던지면 아이디어를 같이 모으기도 하고, 나중에 정리야 연출님이 하시는 거지만. 그리고 특히 개인적으로 뭘 하고 싶은 이야기가 있다든지 하면, 시즌2 때, 평안감사의 몇 개 대사들은 보통 배우들이 써오기도 했죠.

김옥란 새롭게 들어갔던 내용은 어떤?

유성진 닭도 들어갔고 쥐 (당시 닭과 쥐는 정치적인 풍자의 의미로 관객들에게 즉각적으로 전달되는 비유였다.) 도 들어갔고.

김현중 그러니까 정확한 사건을 얘기하지 않지만, 묵대사가 눈 감은 이유를 저한테 이렇게 말씀하셨어요. 좀 풍자적인 걸 하면 좋겠다. 근데 앞에 이야기들이 너무 센 것들이 많아서, 제가 굳이 어떤 사건을 얘기하기는 그렇고, 그래서 이 캐릭터를 한번 이렇게 바꿔보면 어떨까? 눈 감은 이유를 이제 그런 세상을 보기 싫어서. 지금 그 대사는 그런 식으로 굳어진 케이스죠.

하동기 저는 처음에 홍백가 캐릭터를 했었는데. 한참 '안녕들 하십니까'로 대자보가 나올 때여서 그거 가지고서 했던 일도 있었고요. 아예 어떤 사건을 딱 집는 느낌보다는 지금 사회가 불합리하다는 것을 지적하자, 라는 게 더 많지 않았나.

김옥란 재미있는 말씀이네요. 묵대사가 눈 감은 이유가, 정말 이런 더러운 세상 눈 뜨고 못 봐주겠다, 눈을 감아 버리겠다는 해석은. 관객들이 웃으면서도 생각하게 하는 그런 효과가 있는 것 같아요.

극단 사니너머 창단,
꼭두각시놀음 계승의 현재 모습

김옥란   이제 사니너머 창단 과정에 관한 이야기를
들어볼까요? 김학수 연출이 크게는
두 가지, 전통극의 한 흐름이 있고,
현대극으로는 브레히트 서사극의
한 흐름이 있어요. <유랑 억척어멈>을
비롯해서 브레히트 작품을 집중적으로
다루기도 했었죠.

이선연   2013년 겨울에 저는 직장생활을 하고
있었는데 꼭두각시놀음 워크숍을
인터넷으로 보고 참여하기 시작했어요.
창단했을 때부터 꼭두각시놀음 얘기를
들으면서 나중에 대본 작업할 때도
그 안의 많은 캐릭터 하나하나의 이야기로
레퍼토리만 만들어도 엄청난, 어마어마한
생명력일 거다. 뭐 이런 상상을 하며 꿈을
키웠던 것 같아요. 그런데 당시 김학수
대표님이 꼭두각시놀음과 브레히트에
대해서도 말씀하셨는데, 그냥 기억 남는
건, 정말 하고 싶은 건 다 하셨다는 거예요.
2018년에 국립극단에서 굿 (<우리 연극
원형의 재발견-연극 동네 연희마당>, 국립극단
서계동 마당, 2018. 9. 30)을 하셨는데, 이미

2013년도, 2014년도 초에 말씀하셨던
것들이었거든요. 다 하시더라고요. 그래서
여태까지 김학수라는 사람이 했던 공연
이력만 보더라도 뭘 하고 싶어 했는지
그 이력 자체가 보인다는 생각이 들고요.
이후로 대표님 짐들이 지금 공주에 가
있는데, 제가 저번 달에 갔다 왔거든요.
근데 거기 관계자분한테도 들었던 얘기가
뭐냐면 이 꼭두각시놀음이 충청도에서
나온 거라서 거기에 뿌리를 내려서 큰
나무로 키우려고 하는 또 다른 작업을 하고
계셨더라고요. 거기 안에서도 연희단을
만들고 또 서울에서 만났던 연극이라는
장르의 인원들, 이런 거를 총체적으로
아우를 수 있게끔. 고정된 터가 있고, 그 터
위에서 꼭두각시놀음을 하고 싶으시다고.
그렇게 거기에서 실질적으로 많이
진행되어 있었어요. 안에 공간도
다 있고요. 연습실도 있고. 보니까
공연장도 다 만들어 놓으셨더라고요.
그런데 작년에 불의의 사고를 당하셔서
거기에 그걸 기획하셨던 분도 지금 굉장히
멘붕에 빠진 상태라는 걸 최근에 가서 알게
됐는데. 그런 걸 보면서도 항상 전통이라는
것에, 가장 한국적인 전통이라는 것에

연극에서 갖고 온 브레히트적이라는
거라든지 다른 데 관심 있어 하는 것들을
꼭두각시놀음 안에서 다 하고 싶어
하셨던 거 같아요. 제가 알고 있는 건
그렇습니다.

김옥란 꼭두각시극을 매개로 해서 브레히트의
서사극이라든가 정리해야 하는 얘기들은
좀 더 시간이 따로 필요할 것 같습니다.
연구자들도 연구를 많이 해야 하고. 저는

개인적으로 이번 인터뷰를 준비하면서,
김학수 연출의 꼭두각시놀음 공연의
제목이 < 돌아온 박첨지 >잖아요.
이 '돌아온 박첨지'가 김학수라는 생각이
들었어요.

김창기 오늘 일단 어려운 걸음을 해주시고,
오래간만에 또 정말 고맙습니다.
오랜 시간 인터뷰 고생 많으셨습니다.
감사합니다.

인터뷰에 참여한 배우 및 스태프, 극단 백수광부 연습실

인터뷰 | 극단 사니너머 대표 조원종

일 시	2020.10.5. 월. 14:00
장 소	대학로할리스커피
인터뷰이	조원종
인터뷰어	이노아
정리·사진	이노아

이노아 김학수 대표가 전통 연희로 들어서게 된 것은 <남사당의 하늘>(1993) 공연에 참여한 후였다고 들어서요.

조원종 초연할 때 사물이나 전통 연희에 완전히 빠져서 남사당에 가서 배우고, 배우면서 거기 선생님들 공연하면 조명도 많이 해주고. 맨날 연습하고 그랬죠. 학수 형 약간 박치거든요. 연습을 엄청 많이 했대요. 공간이 시골이니까 누가 두드려도 밖에서 뭐라 안 하는데, 미추 선배들이 새벽까지 연습하고 술도 한잔하고 아침에 자는데 아침부터 두들기고 하니까 욕도 많이 먹으면서 연습했어요. 학수 때문에 잠을 자지 못하겠다고. 시끄러워 죽겠다고.

이노아 주무셔야 하기도 하고 박치라서 더 괴로우셨겠네요.

조원종 학수 선배는 2008년도 <남사당의 하늘>을 아르코에서 했을 때 연희 감독을 했어요. 저희를 다 훈련시키고 총책임 맡아서 상쇠처럼 이끌었죠.

출연도 하고요. 꽹과리, 상쇠, 사당패 단원을 했죠. 저도 그때 참여를 했어요. 어르신들이 한국연극 100주년 기념을 이 공연으로 했으면 좋겠다고 손 대표님에게 부탁하셔서 한 번 해보자 이래서. 내용은 똑같이 하고. 있는 사람도 있고 나간 사람은 어쩔 수 없지만, 새로운 단원들이 있으니까 빡빡하게 훈련해서 했죠.

이노아 전통 쪽으로 지도할 수 있는 분이 미추에는 많이 계시지 않았나요?

조원종 그렇죠. 탈춤에는 누가 있고, 한국 무용에는 누가 있고. 그런데 연희 쪽으로는 김학수 선배가 있었죠. 그리고 미추 연극학교 1기부터 학수 선배가 장구하고 설장구 다 가르치셨죠.

이노아 미추에 입단하는 방법이 여러 가지였다고 하던데요?

조원종 학교가 생기기 전에는 연수단원이라고 해서 뽑았어요. 6개월의 과정을 거쳐서 들어왔는데…. 손 대표님이 욕심을

조원종

부리셔서 러시아 유학을 다녀오신 정호붕 선배님(현 중앙대 예술대학 교수)이라고 계셨어요. 미추 3기 선배님이셨는데 그분과 의기투합하셔서 스타니슬랍스키 메소드로 한국 무용에 소리도 가르치고 연희도 가르치면서 어떤 시스템을 만들어보자 하고 학교를 만드셨어요. 그 이후에는 미추를 들어가려면 꼭 학교를 나와야만 했어요.

이노아 의상하시는 최원 선생님이 얘기하시는데 미추 연극학교 출신 단원을 우대했다고 서운해하셨어요.

조원종 저는 학교 출신이에요. 18기요. 1991년에는 학교가 없었으니까 학수 선배는 단원

6기네요. 학수 선배는 3수 끝에 미추 붙은 거거든요. 두 번 떨어졌는데 자기 열정이 있어서…. 선배들 얘기 들어보니까 동두천에서 웬 깡패가 왔다고, 물 흐린다고 뽑지 말라고 했대요. 그다음에 또 와서 쟤 또 왔는데 어떡하지 하니까 안된다고 그러고, 세 번 오니까 노력이 가상하다고, 저런 노력이면 받아줍시다 하고 받았다고 하더라고요. 그래서 제일 열심히 했다고….

이노아 그렇게 미추에 들어와서 연극학교 1기부터 연희를 가르치고 전통예술원에 들어가는 과정을 거쳤다는 거네요. 김현중 배우의 말에 의하면 < 돌아온 박첨지 시즌 3 > 공연은 김학수 대표가 거의 참여하지 못했다고 들었는데요.

조원종 저희끼리 거의 연습했어요. 최유송 누나가 와서 봐주고 유성진 형도 와서 봐주곤 했어요.

이노아 그때 김학수 연출이 아팠다고 들었는데 무슨 일이 있었나요?

조원종 뇌출혈이었어요.

이노아 정권을 비판하는 공연 내용 때문에 어려움을 많이 겪어서 쓰러지셨다고도 들었어요.

조원종 블랙리스트 문제였지요. 극단을 운영해야 하는데 공연은 계속 막혀있고 뭐 해도 되지 않으니까 스트레스받다가… 길 가다 이상한 느낌이 들어서 걸어서 응급실에 갔더니 큰일 날 뻔했다고 해서 수술하고 그랬죠. … 수술 후로는 '악'을 못 쳤어요. 같이 산에 가고 그러면 자기가 몇십 년 열심히 해왔는데 한순간에 손이 안 돌아가서 허망하다고 뭐 울기도 하고. 초반에는 젓가락질도 되지 않고 말도 어눌하고 그랬죠.

이노아 그럼 공연 자체에 아예 참여를 못 하신 거네요?

조원종 참여를 못 했죠. 저희가 잘하고 있으니까 신경 쓰지 말고 충분히 쉬고 마지막에 오라고…. 그런데 중간에 한 번 왔어요. 그래서 뭐라고 그랬어요. 손진책 대표님도 와서 좀 봐주시고. 단체 기념사진 찍은 날은 퇴원한 지 얼마 안 되었을 때였어요. … 이때는 단원들이 좀 많았죠. 성신여대 연습실이 있을 때니까. 당고개로 옮기면서는 거기 월세도 세니까, 뭔가 크게는 해야 할 것 같으니까 도를 넘고, 또 안되니까 다그치고 그러면서 단원들도 하나둘 나갔어요.

이노아 중국 공연에 대해 해주실 말씀이 있을까요?

조원종 중국 공연은 매우 재미있었어요. 북경과 남경에서 세 군데에서 해야 하는데 중간에 하나가 취소되어 공연과 공연 사이 잘 먹고 잘 지냈어요. 학수 선배도 간만에 잘 쉬었다고 했어요.

이노아 <시즌 3> 이후는 공연의 질이 많이 떨어졌다는 얘기도 있던데요.

조원종 우리나라 사람들이 인형극 하면 어린이들이 보는 거니까, 성인들이 같이 공유할 수 있는 것이 아니라 아이들이 보는 거니까, 사회 비판적이고 풍자하고 그런 거를 애들이 못 알아듣는다 그래요. 그리고 홍동지도 왜 성기가 직설적이냐고 그래요. 그냥 하나의 풍자인데. 그래서 아시테지 공연 때는 팬티를 입고 왁싱도 하고 그랬어요. 종로 아이들극장에서 할 때도 아이들이 즐겁게 볼 수 있는 한국의 전통 인형극이라는 점에 의미를 두고 흥미 위주로 스피디하게 많이 갔죠. 그래서 홍동지가 팬티 입고 망토 걸쳐서 슈퍼맨처럼 하기도 했지요. 그러다가 이건 아닌 거 같다 해서 오줌 싸는 장면도 다시 하고…. <시즌 3> 이후는 어떤 작품성보다 한마디로 극단 살림을

위해서 많이 팔려 다닌 거죠. 그러면서 어쩔
수 없이 조금씩 변질한 면이 있죠. 그래서
<돌아온 박첨지>를 했던 그런 초심들,
그런 게 <시즌 3> 이후부터는 많이
퇴색했죠.

이노아 지난번 배우와 스태프 인터뷰 이후 이선연
작가가 그런 말을 했어요. 김학수 대표가
처음에 했던 것처럼 <돌아온 박첨지>를
하고 싶어 했다고.

조원종 이상과 현실은 너무 다르니까…. 불러주는
쪽에서 관객의 비위에 맞추다 보니까요.
<시즌 4>는 잘 만들려고 했는데 잘
안되고 새롭게 하기에는 힘에 부치고….

이노아 공연 목록을 정리하다 보니 이시미가
주인공이 되는 공연도 있던데요?

조원종 <날아라 이시미>라고. 그건 <돌아온
박첨지>를 새롭게 구성해서 만들었어요.
또 이선연 작가가 쓴 <운우풍뢰
꼭두각시>를 공연하기도 했어요.

이노아 예전에 등장인물 각자의 사연으로 이야기를
만들면 좋겠다는 얘기를 김학수 대표와
한 적이 있어요. 그때는 만화책으로도
만들자고 했는데 성사되지는 못했어요.
그걸 공연으로 만들었군요. 그런데
운우풍뢰는 뭔가요?

<돌아온 박첨지>, 예술공간 서울, 2013.12.23
<돌아온 박첨지>, 예술공간 서울, 2013.12.10
<돌아온 박첨지 시즌 2>, 대학로예술극장 3관, 2014.11.22

조원종 운우풍뢰는 구름, 비, 바람, 번개라는
뜻의 사물패가 신나는 장단으로 사건을
해결하는 내용이에요. 박첨지에서 파생된
공연이고, 주인공들이 어벤져스 같은

거에요. <박첨지> 자식 같은 공연이 <산전수전>까지 세 작품이에요. 산전수전은 수중으로 가면 수질오염, 산으로 가면 환경오염이라는 내용으로 만들었어요.

이노아 그런데 <산전수전> 공연 사진을 보면 꼭두각시놀음 공연과는 차이가 있는 거 같은데요. 김현중 배우가 직접 박첨지를 들고 무대에 나와서 공연한다는 점에서 그렇게 말씀하시는 거군요.

조원종 학수 선배는 꼭두각시놀음의 전통성을 확장하고 싶었던 것 같아요. 일본 분라쿠처럼 인형과 배우를 넘나들면서 관객과 만나는 공연으로요.

이노아 김학수 대표가 극단 사니너머를 만들면서 저에게 서연호 선생님의 『꼭두각시놀이』와 일본 분라쿠 공연 사진집을 주셨어요. 지금 보니까 그것들이 김학수 연출이 작업하고자 하는 방향이었어요.

조원종 인형은 사니너머의 정체성이니까 붙들고 고민해보려고 했어요. 사니너머만의 양식을 찾아야 하지 않을까 고민한 결과물들이 나온 거 같더라고요.

이노아 <제방의 북소리>를 봤었는데, 그런 방향으로 가고자 하지 않았을까 하는

생각도 드네요.

조원종 한예종 다닐 때 김덕수 선생님과 태양극단에 갔다는 얘기도 들었던 것 같아요. 김덕수 선생님과 축제도 같이 연출하고 예술감독 하고 했었는데….♪

이노아 김학수 대표의 <돌아온 박첨지> 마지막 공연은 어땠나요?

조원종 마포 문화비축기지에서 한 공연이 제일 마지막이거든요. 마지막이 돼버렸고. 공연을 이렇게는 올리기 싫다고 그러셨어요. 이제 뭐 단원들이 없으니까, 배우들과 악사 스케줄 맞추는 게 너무 힘드니까. 그리고 전통 꼭두각시놀음은 그냥 대사 외워서 할 수 있는 것이 아니라 인형과 춤과 이게 다 기능적으로 어느 정도 숙지가 돼야 뭐가 발현되는 건데, 누구를 키울 시간도 없고 키우기도 너무 힘드니까, 했던 사람들은 시간이 안 맞으니까 그렇게 많이 연습을 못 했어요. 다른 방법을 모색해야겠다 그래서 공주에 내려가서 학생도 지도하고 농악팀도 있으니까 연희 단체를 만들어서 뭐를 하겠다고 했죠. 그리고 국립국악원 분원이 공주로 내려온다는 얘기도 있었거든요. 그래서 큰 놀음 터를 만들어서 안정적으로

작업해야겠다고 생각을 했었죠.

이노아 　한계를 체감하고 대안을 그렇게
　　　　잡으셨군요? 결론은 어떻게 난 건가요?

조원종 　연습실도 만들고 한참 추진하다가 사고를
　　　　당하신 거죠.

이노아 　앞으로 어떤 계획이 있나요?

조원종 　제가 단원들과 <운우풍뢰> 얘기하면서
　　　　너희들은 어떻게 하고 싶냐 물어봤는데….
　　　　단원들이 그랬어요. 저희가 결정하는 게
　　　　아니라 왠지 이 인형들이 결정해줄 것
　　　　같다고. 인형들이 어디로 가라고 어떻게
　　　　하라고 알려줄 것 같다고. 보면 그런
　　　　것 같기도 해요. 추모 공연 한번 끝내
　　　　보고….

이노아 　이번 추모공연은 극단 백수광부와 극단
　　　　사니너머의 합동 공연이 되겠네요. 이번
　　　　공연까지 해서 이 공연자료집에 실으면
　　　　좋을 것 같네요.

♪ 연희창극 <흥보가>, 사단법인 사물놀이 한울림, 태양극
단 Théâtre de l'Épée de Bois, 2012.12.29~30(한불수교 120주
년 기념). 국내에서도 공연한 <제방의 북소리>(태양극단, 파
리 카르투슈리 극장 초연, 1999; 국립극장 야외극장 특설무대,
2001.10.12~17)에서 둑을 무너뜨리는 장면을 한국의 사물악기
치는 장면으로 만들었다. "므누슈킨은 1998년 아비뇽연극제 '한
국의 밤'을 장식한 김덕수 사물놀이에 매료돼 이듬해 한국을 방문
해 사물놀이를 배웠으며, 제목의 모티브가 된 '북소리'를 체험하
기 위해 아예 김덕수패의 한재석을 파리로 초청해 사사했다."(정
재왈, "므누슈킨 연출 연극 <제방의 북소리> 무대 올라", 『중앙
일보』, 2001.9.11) 이후 교류를 이어가다가 김학수 연출이 연희
극으로 만든 <흥보가>를 태양극단에서 공연했다.(김기태 구술,
2020.10.17)

<산전수전> 2014
<날아라 이시미> 2015
<운우풍뢰 꼭두각시> 2020

일 시   2020.10.28.수. 20:00
장 소   석관동 이리 카페
인터뷰이 김지훈
인터뷰어 김창기
정리·사진 이노아

양주 청소년연희단 버들소리

김창기 꼭두각시놀음 공연 자료를 정리하다가 김학수의 버들소리 시절의 이야기를 좀 더 듣고 책을 매듭지어야 할 것 같아서 김지훈 씨에게 인터뷰를 부탁했는데 흔쾌히 얘기해 주겠다고 해서 고마워요. 지금 전통예술원 학생인가요?

김지훈 학부는 졸업했고요. 지금은 전문사를 수료하고 영재예술교육원 부설기관과 한예종에서 4학년 종합 연희실기를 가르치고 있습니다.

김창기 학수가 가르쳤던 중학교가 어디인가요?

김지훈 의정부 조양중학교입니다.

김창기 학교에 타악기 팀이 있었던 건가요?

김지훈 사물놀이 동아리죠. 먼저 동아리가 조직되어 있었고 당시 도덕 선생님이 동아리 담당 선생님께 말씀드려서 김학수 선생님을 모시게 된 거죠.

김창기 그럼 동아리 이름이 버들소리였던가요?

김지훈 해밀이었어요. 버들소리로 개명을 했죠. 선생님께서 저랑 또 다른 친구 2명에게 연희를 전공으로 해보라고 하셔서 중학교 3학년 때부터는 미추산방에서 레슨을 받았죠. 그 후에 양주 청소년 연희단 버들소리를 만들게 됐죠. 고등학교에 진학한 이후에도 학교가 끝나면 동아리 방에서 애들과 같이 코치도 받고 그랬어요.

김창기 그때 전국대회에서 상 받았다고 학수가 나한테 자랑도 하고 막 그랬던 것 같은데, 여러 군데서 수상도 하고 실력도 아주 뭐 대단하다고 하면서….

김지훈 김학수 선생님이 한예종에서 배운 여러 가지 연희를 아낌없이 가르쳐주셨어요. 저희도 10시까지 연습하고, 그 이후에는 지하 주차장에서 새벽 2, 3시까지 고등학교 때부터 그렇게 3년을 했어요.

김창기 자료를 봤더니 버들소리 공연 연보가 어마어마하더라고요.

♪ 故 김학수 제자. 양주연희단 버들소리 창단동인, 현 놀이꾼들 도담도담, 연희공방 음마갱깽 동인.

김지훈

김지훈 네. 엄청 많이 했어요. 그런데 2009년부터는
정리를 안 해서 아마 없을 거예요.

김창기 그럼 지금도 버들소리라는 단체가 활동을
계속하고 있나요?

김지훈 그게 아마도 제가 군대를 갔다 왔을 때,
김학수 선생님이 버들소리를 너희가 한번
운영해봐라 그러셨거든요. 2008년인가요?
세계민속극축제 1회가? 손진책 선생님이
예술감독을 하셨고 김학수 선생님은
사무국장이었어요. 그 당시 양주 시청과
양주 역 사이에 있는 우체국 2층에 꾸린
사무국에 상주하면서 근무하셨죠. 거기도
많이 갔었어요. 2009년이네요. 2회

기획한 게 계속 엎어져서 힘들어하셨고
양주를 떠나실 생각에 버들소리는 니네가
해라 그러셨죠. 그런데 당시에 저희는
학부 학생이었거든요. 대학교 복학해서
3학년쯤이었던 거 같아요. 학교를 졸업할
때쯤 돼서야 하려고 했는데, 버들소리를 극단
사니너머로 개명하신 거예요. 버들소리의
공연 이력 때문이라고 생각했어요. 그때.
선생님께 크게 실망했었어요. 후배들도.

김창기 공연 기록 때문에 그랬겠네.

김지훈 그렇죠. 그때 그러고선 분해가 되었어요.
그때 이후 연락을 취하는 친구가 없었어요.
저 또한 연락을 안 했어요. 그러고 나서
2015년 12월에 제가 결혼을 하는데
대소사를 앞두고서 많은 생각에
잠기잖아요? 내가 지금 이 길을 걷고 있고 이
길에 입문을 시켜준 선생님이신데 꼭 모셔야
하지 않을까 해서 11월쯤 제가 전화를
드렸는데 전화를 안 받으셨고,
그래서 문자를 드렸는데 보셨는지
안 보셨는지 당시는 몰랐지요. 아무튼
연락이 안 됐어요. 그래서 결혼식 때도 안
오셨어요. 물론 그전에도 그 관계가 완전히
끊어지기까지의 몇 가지 과정들이 있어요.
한국 연희단도 그때 이후 만들었는데

그것도 조금 안 좋게 끝났죠. 그동안 했던 공연에 대한 페이 문제죠. 그때는 거의 상시 근무였거든요. 근데 그분들도 다 학교 선배들이거든요. 같이 했던 분들이.

김창기   목동에서 했을 때 조명을 좀 봐달라고 해서 나도 제자한테 맡기고 그랬었는데.

김지훈   잘 아시겠네요. 그때 안 좋게 끝났잖아요.

김창기   돈도 못 받고…. 어차피 난 도와주는 입장이었으니까 괜찮긴 했는데. 그때 기획했던 교수님 있었잖아? 그분과 안 좋았던 것 같더라고.

김지훈   모르겠어요. 어떤 마음인지 모르겠는데 당시엔 일하는 형들이 돈을 못 받는 걸 알게 되면서 마음이 떠나니까 발도 안 가게 되죠. 그런데 공연은 상시로 해야 하는 거는 맞고 사람은 없더라도. 그러니까 대타를 저희를 쓴 거죠. 저희도 선생님이 불렀으니까 한 거고. 선생님이 그런 게 있었어요. 출연료가 얼마 정도고 연습은 몇 회다 얘기가 정확하지 않아요. 2008년 축제를 할 때 제가 기획 간사를 맡았어요. 버들소리가 상주하면서 시간을 메꾸는 공연을 엄청 많이 했거든요. 그리고 공연단을 꾸려서 한 시간을 맡아서 하는데 학교에 있는 후배들을 불러오곤 했는데 제 입장에서는

이 친구들한테 얼마 준다는 얘기는 해야 하잖아요. 그래서 선생님, 이 친구들 얼마를 주고 몇 회를 할까요? 하는데 이렇게, 이렇게 몇 회 하시는 거예요. 버들소리는 어떻게 하면 될까요 했더니…. 선생님이 그러면, 아직도 기억나요. 미추산방 3층 식당에 앉아 회의할 때였어요. 선생님 거기 이렇게 저렇게 해야 한다고 했더니, 거기 엄청나게 사람이 많이, 미추 배우들도 있었는데 갑자기 일어나시더니 너, 경고, 넌, 이 어린놈이 막 이러시는 거예요. 선생님, 이건 저 말고 다른 애들 섭외하는 부분이고 이거는 해야 해요 이랬더니. 그때 엄청나게 혼났어요. 그러면서도 그냥 계속했죠. 그랬어요. 아무튼 그 과정 중에 연락이 끊겼죠. 2015년 돼서야 다시 연락을 드렸는데 안 되고 문자, 카톡도 안 보시고. 그땐 그렇게 생각했어요. 엄청 속상했죠.

김창기   그때 학수 아팠을 때 아니에요?

김지훈   네. 나중에 알게 됐어요. 제 결혼식 전에 쓰러지셨다고. 네. 그걸 나중에 알게 된 거예요. 결혼식 다 끝나고 거의 4월쯤 돼서 전해 들었어요. 제가 너무 미워지는 거죠.

김창기   아는 사람 얼마 안 됐어. 얘기를 하지 않아서.

김지훈 엄청 많이 속으로 저 자신을…. 내가 왜
이렇게 생각을 해서 그동안 미워했었거든요.
그러면서 전화를 드렸어요. 바로.
그 얘기 듣고 그날 바로 전화를 드렸는데,
그때 목소리가 살짝 어눌하다는 느낌이
들었어요. 야, 네가 여여여 웬일이냐?
선생님 말투 있잖아요. 선생님, 저 이렇게
했습니다. 했더니 그래, 선생님 잘 지내시죠?
아프시다는 건 아는데 물어보지는
않았어요. 그래, 너 결혼한 건 알고 있다,
이러시더라고요. 그때부터 버들소리
중에 저만 계속 연락을 드렸어요. 명절
때, 스승의 날 때 연락을 드렸는데 저에게
무슨 공연을 같이하자고 그러셨어요. 그때
제가 평택농악이라는 국가무형문화재
단체에 상근으로 있었는데, 보존회 공연이
있으면 다른 공연을 못 한다는 내부 규정이
있었어요. 선생님이 하자고 했던 공연이
국립국악원 기획공연 <산대희>예요.
저보고 와서 양주 별산대 춤을 하나 추라고
하셨는데 나중에 그 일정하고 겹친 거예요.
그걸 제가 한 일주일 사이에 확인한 거지요.
그래서 전화를 드려서 선생님, 정말 죄송한데
제가 보존회 공연 있습니다. 선생님 원래
성격 있으니까 야, 너 인마, 평생 농악이나

치면서 살아. 이러시는 거예요. 그리고
전화를 뚝 끊어버리셨어요.

김창기 다혈질이지. 학수.

김지훈 그래서 아후 하면서 그러고 있다가 다시
또 한두 달 기간을 두고 공연 끝나고 나서
선생님, 공연 잘 마치셨지요? 또 이렇게
연락하고. 선생님 그런 거 또 없잖아요.
뒤끝 없이 그냥 뭐, 이렇게 했어 하면서
또 다른 거 좀 도와달라 그래서 그렇게
지냈었죠. 그러다가 돌아가시기 전
8월이었나. 공주대학교 산학에서 하는
거를 같이 하자고. 저도 공부하는 마음으로
열심히 하겠습니다, 했는데 9월쯤 돼서 그게
잘 안됐다고 연락이 오고. 10월에 비보를
들었죠.

돌아온 박첨지, 2002

김창기 김학수의 꼭두각시놀음 공연에 대해서
어떻게 생각해요?

김지훈 제가 봤던 꼭두각시놀음 인형극 중에는
김학수 선생님이 최고였어요.

김창기 어떤 면에서 그렇게 얘기할 수 있는지?

김지훈 어, 디테일한 표현들이죠. 인형으로 여러
가지 표현을 할 수 있어요. 인형극은

인형 막이 관객 사이에 있어서 딕션이 중요하거든요. 그런데 말만 앞으로 뻗어 나가는 것이 중요한 게 아니라 인형의 시선과 같이 동반돼야지 정확한 전달력이 나와요. 근데 보통 인형극 하는 분들 보면 그게 잘 안 되죠. 그런데 김학수 선생님은 그런 거에 대해서 연극적으로 잘 다가가셨어요. 그리고 인물에 대한 분석도 잘하셨고. 미추에 있는 형들, 누나들에게 그것도 못 하냐 하며 거칠게 지도하셨죠.

김창기 지훈 씨가 보내준 자료 중에 꼭두각시놀음 공연 사진이 있던데?

김지훈 2002년 여름부터 연습해서 미추산방 산 아래 극장에서 출정 공연을 했어요. 선생님이 대잡이로 직접 박첨지를 하시고 장덕주 형이라든지, 이미숙 누나라든지 미추 배우들이 대잡이를 했었고, 김원민 선생님이 산받이를 하셨어요. 김학수 선생님과 김원민 선생님 둘 다 이수영(李秀榮, 1940~2007. 남사당 덜미 명인·상쇠, 비나리) 선생님 제자거든요. 두 분은 극단 미추의 <남사당의 하늘>(1993) 공연 때부터 친구였는데, 김원민 선생님은 공연 전에 남사당을 통해서 미추에서 연희를 지도했고 공연 이후에는 김학수 선생님이 남사당에 가서 배우게 된

것으로 기억하고 있어요. 그렇게 준비해서 그해에 프랑스로 갔었거든요. 그때 보고서 와, 선생님 진짜 잘한다 생각했었거든요. 2002년 프랑스 공연 준비했을 때가. 꼭두각시놀음 대본 그대로 했는데 대잡이가 배우들이라 전통이 대중화했다고 말할 수 있을 정도로 정말 재미있게 잘했었어요. 그리고 나서 2008년 한국연극 100주년 기념공연으로 <남사당의 하늘>을 아르코 대극장에 올렸어요. 그때 저도 참여했었거든요.

김창기 그랬어? 나도 그때 조명을 했는데.

김지훈 그때 저는 연희 지도를 했고 배우들 훈련을 저하고 친구 건환이가 했었어요. 강미 누나 상모 돌리는 거 가르쳐주고. 제 후배들은 직접 출연을 했어요. 선생님은 전체 총괄 연희 감독이셨어요.

김창기 김학수 연출이 극단 사니너머를 소개하면서 2003년부터 젊은이들과 꼭두각시놀음 작업을 했다는 글을 썼는데, 프랑스 공연을 다녀오고 난 후 2003년 밀양연극제에 참여할 때부터 김학수의 꼭두각시놀음이 시작되었다고 할 수 있을 것 같네.

박첨지, 2008~2010

미추산방 산 아래 극장, 2002

양주연희단 버들소리 단원 워크숍 <꼭두각시놀음>
양주문화예술회관 대회의실, 2008

김지훈　고등학교 들어간 후에 선생님이
꼭두각시놀음을 조금씩 가르쳐주기
시작하셨어요. 꼭두각시놀음에 있는 대사,
인형의 움직임이라든지 소리라든지 이런
걸 가르쳐 주셨죠. 그러면서 극단 미추의
꼭두각시놀음 이동 무대가 프레임으로
되어있거든요. 엄청 무겁거든요. 그거.
조립하는 법부터 해서 엄청나게 욕먹었죠.
아, 그거 모르잖아요. 길이만 봤을 때는.
몇 번을 해봐야지만 아는데. 미추 형들도
몰랐거든요. 그런데 엄청 욕을, 이 멍청한
새끼야, 그것도 못 하냐 그러면서, 잘 못
끼면 정말 혼나면서…. 그러다가 고등학교
3학년 때 선생님이 토막 대본을 주면서 따라
해봐 하셨죠. 동계 합숙 기간에 특강 식으로
했었어요. 그러다가 오리지널에 가깝게 했던
것은 2008년 양주 세계민속극축제 때였을
거에요. 김학수 선생님이 대본을 가지고
오셨는데 그게 <돌아온 박첨지>였어요.
그때 미추에 있는 누나들, 형들하고 축제 때
한 꼭지를 저희가 했거든요. 구 양주 별산대
전수회관 잔디 있는 데가 인형극 존이었을
거에요. 저희가 한국 대표로 했었죠. 저희가

산받이를 했는데 엄청 디테일하게 가르쳐
주셨어요. 2008년에 제일 크게 공연했고
그다음 하반기는 정선 아리랑, 강원 정선에
카지노 장터가 있어요. 거기서 인형극을
했던 기억이 나고, 노인복지시설도 갔던
기억도 나고…. 대본에 장소와 캐스트도
나와 있어요. 그다음부터는 계속했죠.
매년. 왜냐하면 그걸로 경기도 찾아가는
문화행사를 하러 갔었거든요. ♪

인터뷰 ｜ 돌아온 박첨지 2008~2010

김창기 사니너머 공연할 때 봤었어요?

김지훈 초연 공연은 못 봤고 작년 공연하고
재작년에 상암에서 봤었거든요. 사니너머도
지원받았었고 저도 인형극 단체를 하고
있어요. 이것도 김학수 선생님 영향이죠.

김지훈 그 당시 대본이 아직 있어요. 이거 보시면
많이 바뀌었는지 확인하실 수 있을
거예요.

김창기 조원종 대표한테 공연 대본을 받아 실을 건데
참고해서 보면 좋을 것 같네.

김지훈 지금 많이 업그레이드되었죠. 2010년이었던
거 같아요. 버들소리를 너희들이 한번
해보라고 했던 때가. 이때 이 공연 하고 나서
더는 버들소리 공연이 없었거든요.

김창기 <돌아온 박첨지>는 학수가 극단 백수광부
배우들에게 1년 동안 타악을 가르쳐서
워크숍을 하고 당시 이성열 대표가 제작해서
극장에서 공연으로 올렸거든. <돌아온

박첨지>로 창단 공연을 하게 된 거지.
극단 사니너머는 그때 만든 거지. 나는
극단 미추에 1996년도에 입단해서 학수가
기수로는 선배지. 학수가 극단에서 조명을
하다가 내가 들어간 이후부터 나한테 맡겼지.
그 후에 연희나 전통을 하면서도 연극 쪽에
계속 관심을 두더라고. 학수가 가는 길이
있고 내가 가는 길이 있다 보니까 중간중간에
뭐 했어 뭐 했느냐 물어보면서 그렇게
지나갔는데, 그 사이를 메꾸는 것들은 진짜
지훈 씨처럼 같이 겪었던 사람만 할 수 있는
말이 있으니까 도움이 되네요.
그럼 전공이 뭐세요?

김지훈 풍물로 한예종에 들어왔고 양주 별산대와
꼭두각시놀음도 하고 있고 연출도 하고
있어요. 버들소리를 작년에 다시 조직했어요.
연희단 버들소리로. 제 후배가 맡아서 하고
싶다고 해서 그래 만들어라. 대신에 그때
활동했던 친구들에게 전화해서 한다고
통보해주고. 그래서 김학수 선생님에게
전화해서 선생님, 버들소리 다시 만들려고
합니다. 그랬더니 그래, 열심히 잘 해봐라.
그게 작년 일이에요. 작년. 했었죠.

김창기 여러 대학에 강의도 하면서 후배들도 많이
가르치기도 했더라고.

♪ 2007년도에서 2008년도 넘어갈 때였다. 연희집단 The광대의
안대천(중요무형문화재 제7 호 고성오광대 전수자) 대표와
김학수 연출은 동문이었다. 양주에서 민속극축제 전부터 버들소리
정기공연에 The 광대 팀으로 참여했다. "학수 형님께서 버들소리
친구들하고 인형극을 했어요. 그때 박첨지 역할을 선영욱이랑
The광대 멤버들이 했죠. 산받이는 버들소리 멤버들이 하고
저는 악사를 하고. 2008년도 이후 중간중간에 축제 때 공연하고
강원도의 재래시장 활성화 인가 그런 사업이 되어서 정선이랑 몇
군데 저와 같이 갔었어요."(윤현호 구술, 2020. 10. 17) 선영욱은
2013년 <돌아온 박첨지>의 박첨지 역으로 참여하였다. 윤현호는
2013년 <꼭두각시놀음> 지방 순회 공연 이후 <돌아온 박첨지>
공연에 참여해왔다.

김지훈 출강하셨어요. 저 학교 다닐 적에. 연희극
       제작 실습이라는 수업을 김학수 선생님이
       가르치셨어요. 그때 박조열 선생님의
       <오장군의 발톱>을 하셨던 것 같아요.

김창기 예술의 전당에서 했었을 거야. 나도 단원이라
       초연 공연 빼고는 참여했지. 학수는 장교로
       항상 나오거든. 학수 스타일이 있었지.

김지훈 저도 보러 갔었는데. 그거하고 극단 고래에서
       했던 잠수함….

김창기 그게 <고래>지. 그게 백수광부에서 한

고래야. 그거 하고 나서 이해성 작가가
극단을 만든 거야. 그것도 참여했었고. 나도.
학수가 했던 거는 거의 다 했었고. 학수가
형, 이거 어떻게 하면 될까 그러면 이건
이렇게 해 하고, 영상은 뭐 어떻게 해 하면
누구, 사운드는 누구에게 연락해보라 하면서
친구처럼 후배처럼 동생처럼 지냈지.
그러다 보니까 짐이 있는 거야. 이걸 어떻게
정리를 해야 하나 하다 보니까 여기까지
왔거든. 이제 이렇게 보내려고….

5 백스테이지

꼭두각시놀음 1993~2002 | 구술 최원

돌아온 박첨지 2008, 2013~2020 | 사진 이노아

우리가 잃어버린 김학수 | 추모의글 박상현

연출가, 속초, 2013. 5. 20

꼭두각시놀음 1993~2002 | 극단 미추

최 원
극단 미추 단원·의상 디자이너

미추 입단 후에 마당놀이가 아닌 작품으로는 신입 단원이었던
우리가 참여한 첫 작품이어서 다들 애정이 컸어요. 전 단원이
일 년 내내 미친 듯이 기예를 닦았으니 우리에겐 진짜 각별하죠.
우리 모두 뭐랄까, 제 눈엔 우리 모두 빛으로 된 터널을 통과하는
느낌이었어요. 너무 힘들고 고통스러운데 말할 수 없이 아름다운.
그냥 연극을 하고 싶어 하는 젊은 단원, 지금 막 입단한 신입
단원들이 전통기예를 연마한다는 게 일단 보통 일이 아니었죠.
그냥 걸어 다니며 팝송 듣고 가요 듣고 하는 어린 학생이 갑자기
장구 치고 버나 돌리고 북 치고 그걸 남사당놀이패처럼 보이게
연마한다는 거 자체가 진짜 말도 안 되는 일로 보였어요.
제 눈에는.
극단에서 수업을 듣고 배웠지만, 저 공연에서 나오는 기량까지
가려면…. 상모 돌리는 사람들은 밥 먹은 것도 토하면서. 그때
저는… 전통이 진짜 아름답고 숙연한 거라고 느꼈던 것 같아요.
여기저기서 꽹과리 치고 장구 치고 북 치면 진짜 너무너무
힘들거든요. 정말 못 들어주겠다가… 어느 순간 리허설을 하는데
너무너무 아름답게 합이 맞는 거예요.
그때도 울컥했고….

학수 선배랑은 인형이 귀엽다고 이야기를 많이 했었어요.
선배 발성이 좀 코믹하고 청이 앞으로 좍~ 뻗는 느낌이라 잘
어울려서 칭찬도 많이 받았고, 반면 음치, 박치라 장단을 못 물고
들어가서 엄청나게 구박도 많이 받고. 아마 하루하루 희비가
엇갈렸을 거예요. 진짜 다들 신들린 듯 열심히 했는데, 학수
선배도 참 신명 나게 초절정 집중해서 연습했던 기억이 나요.
따로 대사 연습하고 또 연습하고. 옆에서 제가 듣다가 외울
정도였어요.
인형극이 나오는 장면은 밤 장면이었는데, 극장에서 별빛이
쏟아지는 조명 아래 인형극 준비를 하는데 그게 그렇게
이쁘더라고요. 본공연도 본공연이지만. 테크 끝나고 극장에서
내려오는 길에도 별이 많아서⋯ 아까 테크 할 때 그 별빛 같다고
얘기해주었어요. 인형극팀 배우들은 그걸 못 보니까⋯ 자기들은
무대에서 가려진 채 하느라고. 학수 선배한테 저런 별빛이 무대에
가득하고 참 이쁘다고 얘기해주던 게 생각나요. 다들 보고
싶네요. 학수 선배도⋯.

최원, 문자 메시지, 이노아 수신, 2020. 10. 20. 18:16

1 김동영 2 최원 3 지기학 4 안해경 5 이영오 6 양수연 7 변지혜 8 한혜수 9 박경단 10 김학수 11 이원종

김학수(6기) 선배는 두세 달 늦게 입단했지만, 수업 동기였던 7기 단원들과 더 친한 사이였다.
입단 후 첫 마당놀이였던 <이춘풍전> 공연 버스 앞에서, 1992

1 오광민 2 김명진 3 김학수 4 최유송 5 염정규 6 김미진 7 김현용 8 이혜진 9 장덕주 10 허진숙

러시아에서 공부한 정호붕 선배 연출로 미추산방에서 준비하여 예술의전당 공연으로 이어지기까지 배역 교체도 많았고 워크숍도
오래 했다. 당시 학수 선배는 무대와 조명으로 참여하였다. 공사장 철제구조와 공사판에서 쓰이는 담요들을 사용해서 무대를
만들어나가고 각 동물의 움직임에 맞게 변형시켜주는 등 작은 것 하나하나까지도 안전에도 신경 쓰면서 배려해주었다. - 최원
<정글 이야기> 공연을 준비하며, 미추산방, 1996. 1. 5

© 1992 김홍영

© 1996 최원

백스테이지 | 꼭두각시놀음 1993~ 2002

1 김학수   2 고대용   3 장항석   4 한혜수   5 전일범
<남사당의 하늘> 중국 청도인민대회당, 1994. 8. 20

1 김학수   2 한명희
<꼭두각시놀음> 뷔페 뒤노르 극장, 2002. 11. 13~17

돌아온 박첨지 2008, 2013~2020

양주연희단 버들소리, 극단 백수광부와 극단 사니너머

사진 **이노아**

양평, 2013.5.13

양평, 2013.5.13

∧ 양주 연습실, 2008
〉극단 사니너머 연습실, 2013. 12. 5

∧ 양평, 2013. 5. 13
〉 극단 사니너머 연습실, 2013. 12. 5

∧ 양평, 2013. 5. 13
〉 극단 사니너머 연습실, 2013. 12. 5

극단 사니너머 연습실, 2013. 12. 5

예술공간 서울, 2013.12.10

대학로예술극장 대극장, 2016. 1. 6

예술공간 서울, 2013. 12. 11

극단 사니너머 연습실, 2013.12.5

박상현
극작가·연출가

"인왕산 한번 가야죠, 형님?"
"어, 그래. 계절 바뀌기 전에 가자구."

그 계절이 바뀌기 전에 학수는 나도 모를 길을 홀로 가 버렸다.
산에서는 비호같았던 그가 혈압 때문에 한 번 쓰러진 후로는
나와 어쩌다 산에 갈 때면 - 나를 위해서겠지만 - 아담한 인왕산을
택했다.

김학수와는 이런저런 인연이 많았지만,
〈자객열전〉은 2004년부터 3년 연속 공연을 했다.
2006년 공연팀이 카톡방을 만들었는데,
이들이 지금까지도 잊을 만하면 "카톡, 카톡" 한다.
작가이면서 연출인 내가 문자를 씹어도 지들끼리
카톡 카톡 해서 만나 술도 마시고 서로 공연도 보러 가고 했는데,
이들이 푸근한 '학수 선배님'을 잃었다.

김학수가 뒤늦게 아저씨 학생으로 한국예술종합학교
전통예술원을 다닐 때는 '학사모'가 있어 많은 아우가 따랐는데,
이들도 '학수 선배님'을 잃었다.
김학수한테 정말 미안한 게 있다. 좋아하고 믿는 배우였지만

그를 너무 쉽게, 편안하게만 생각해 그 안에서 끓고 있던 생각을
들여다보지 못했다. 그도 배우로서 주역을 하고 싶었고, 직접
연출을 하고 싶었는데, 그런 그의 욕망을 제대로 보고 힘을
더해주지 못했다. 그가 극단 '사니너머'를 만들어 연극 살림을
시작했을 때는 그의 우직하고 순수한 성품 때문에 축하보다
걱정을 더 했던 것 같다. 그가 연습실을 내고 이 작품 저 공연
만들어가면서 극단 리더로서, 연출가로서 단단한 면모를 알고는
참으로 안도했던 것 같다. 물론 고생이 많았을 거다. 재정적으로
어려움도 컸을 것이다. 그러나 그가 <돌아온 박첨지>를 했을
때는 정말 좋았다.

"이거다. 학수야, 네가 할 것이……"

나는 김학수가 꼭두각시놀음의 21세기화를 해낼 것이라고
기대하고 믿었다. 그래서 후속 작업을 기다려 왔다.
그런데, 그의 극단 식구들도 그만 '학수 선배님'을 잃었다.

이래저래 쓸쓸하고 갑갑한 시절이다.
학수 생각이 그나마 체온을 조금 더해주는 것 같다.

밀양, 2013.7.24

6 커튼콜

공연을 만든 사람들 | 기념사진

1 윤현호 2 김건우 3 김현중 4 이반석 5 조재원 6 박찬서 7 김원진 8 민해심 9 최유송 10 김학수
11 이성열 12 김경회 13 하동기 14 송명기

<꼭두각시놀음>, 속초 청호초등학교, 2013.5.20

1 송명기 2 김원진 3 김건우 4 김현중 5 박찬서 6 김경회 7 조재원 8 이반석 9 민해심 10 김은희
11 유성진 12 조재상 13 김학수 14 김형철 15 심서라 16 윤현호 17 김해진

<꼭두각시놀음>, 경북 풍기역 야외무대, 2013.5.25

332

1 박하영 2 배선애 3 최유송 4 서익상 5 김현중 6 하동기 7 심서라 8 민해심 9 김경회 10 이반석
11 조재원 12 윤현호 13 박현이 14 김건우 15 유성진 16 손호성 17 김학수 18 이수원 19 김창기

<돌아온 박첨지>, 예술공간 서울, 2013. 11. 29

1 김기태 2 조원종 3 김일강 4 조하석 5 허유미 6 송진아 7 이선연 8 황재희 9 문 건 10 강학수
11 서익상 12 유정훈 13 김현중 14 박용태 15 신은경 16 김현지

<돌아온 박첨지 시즌 2>, 대학로예술극장 3관, 2014. 12. 30

334

1 송진아　2 허유미　3 황재희　4 이선연　5 손호성　6 서익상　7 이혜리　8 김기태　9 김현중　10 김현지
11 윤한이　12 조원종　13 조하석　14 박용태　15 손진책　16 김학수　17 신은경　18 이신아　19 강학수　20 차길산

<돌아온 박첨지 시즌 3>, 남산골한옥마을, 2015. 8. 9

1 조원종　2 김학수　3 김현중　4 아시테지 부회장　5 하동기　6 소재연　7 김경회　8 유성진　9 김현지　10 이혜리
11 신은경　12 박정현

<돌아온 박첨지>, 제6회 중국아동연극제, 북경어린이극장, 2016. 8

第六届中国儿童戏剧节

韩国越山剧院 《勇敢的朴爷爷》 剧组全体演职员与中国儿童艺术剧院领导合影留念
2016年8月

1 이혜리 2 소재연 3 조하나 4 윤혜정 5 강학수 6 신은경 7 정가영 8 김기태 9 김현지 10 장항석 11 김난희 12 송진아
13 최 원 14 유성진 15 김현중 16 서익상 17 김경회 18 손호성 19 이혜림 20 하동기 21 황재희 22 이선연 23 허유미 24 조 인
25 윤건우 26 윤현호 27 윤찬우 28 조윤재 29 조원종 30 조마리 31 조하석 32 손진책 33 이성열 34 장해환 35 장해솔 36 김창기

<돌아온 박첨지>, 故 김학수 1주기 추모 공연, 광화문아트홀, 2020. 10. 17

	워크숍 2013. 2. 25 백수광부연습실	신나는 예술여행 2013. 5~8 용인·속초·양평·고성	돌아온 박첨지 2013. 12. 11~29 예술공간 서울	돌아온 박첨지 시즌 2 2014. 11. 12~30 대학로예술극장 3관	돌아온 박첨지 시즌 3 2015. 7. 23~8. 9 남산골 한옥마을	
산받이	김경희	김경희	김경희	강학수	강학수	
악사(태평소)	윤현호	윤현호	윤현호	윤현호	허유미	
악사(북)	김경희	김경희	김경희	신은경	신은경	
악사(장구)	민해심	민해심	민해심	김기태	김기태	
악사(꽹가리)	김건우	김건우	김건우	강학수	강학수	
악사(징)	박하영	박하영				
박첨지	박찬서	박찬서	선영옥	김현중	김현중	
홍동지	이반석	이반석	이반석	조원종	조원종	
꼭두각시	이은희	이은희	최유송	허유미	허유미	
묵대사	조재원	김현중	김현중	김현중	김현중	
홍백가	하동기	하동기	하동기	조하석	조하석	
상좌중	하동기	하동기	하동기	조하석	조하석	
덜머리집	심서라	심서라	심서라	송진아	송진아	
피조리	김원진 심서라	김원진 심서라	김원진 심서라	김현지 송진아	김현지 송진아	
이시미	이은희	이은희	조재원	김일강	윤한이	
초란이			유성진	서익상	서익상	
박첨지 손자	박미란		조재원			
상제	김현중	김현중	김현중	서익상		
평안감사			유성진	유정훈		

제12회 서울아시태지 2016. 1. 7 대학로예술극장 대극장	박첨지 노마드 2016. 6. 8~11 종로아이들극장	돌아온 박첨지 시즌 4 2016. 9. 30~10. 1 종로아이들극장	돌아온 박첨지 2016. 8. 20~21 북경어린이극장	돌아온 박첨지 2017. 8. 19 국립국악원 연희마당	전통연희 페스티발 2019. 6. 2 마포문화비축기지	1주기 추모공연 2020. 10. 17 광화문아트홀
강학수	이혜리	이혜리	이혜리	이혜리	이혜리	강학수 김경회 이혜리
				박수빈		윤현호
신은경			신은경	심승보	권지혜	강학수
김기태	이혜리	이혜리	이혜리	인대식	이혜리	김기태
강학수	소재연	소재연	소재연	소재연	소재연	이혜리
이혜리		소재연	소재연	소재연	소재연	김경회
김현중	김현중	김현중	김현중	김현중	김현중	김현중
조원종	조원종	조원종	조원종	조원종	조원종	조원종
허유미	신은경	김경회	김경회	김경회	신은경	허유미
김현중	김현중	김현중	김현중	김현중	김현중	김현중
조하석						조하석
조하석		신은경	하동기			하동기 신은경
						신은경
김현지 이신아	김현지 이신아	김현지	김현지	김현지 신은경	한정후	김현지 송진아
윤한이				조정근	조정근	하동기 신은경
서익상			유성진	유성진	유성진	유성진
						조원종
						조하석

공 연 명	돌아온 박첨지(꼭두각시놀음)	돌아온 박첨지 시즌 2
공연일정	2013. 12. 11~29	2014. 11. 12~30
공연장소	대학로 예술공간 서울	대학로예술극장 3관
예술감독	손진책	
제작감독	이성열	
재구성·연출	김학수	김학수
드라마투르그	배선애	배선애
무대미술	손호성	손호성
인형제작	박용태 손호성 박현이	박용태 손호성
음악감독	김학수	김기태
노래지도	최유송	최유송
편 곡	김동욱	
조 명	김창기 신동선	노명준
의 상	이수원	이수원 박인선
사 진	이노아	이노아
영 상	윤형철	
조연출	김건우	황재희 김현지
기 획·홍 보	코르코르디움	코르코르디움
그래픽 디자인	다홍디자인	다홍디자인
진 행	박하영	이선연
제 작	극단 백수광부	
주 최	극단 미추·극단 백수광부	극단 사니너머
주 관	극단 사니너머	
후 원		한국문화예술위원회
		서울문화재단

극단 사니너머 대표, 연출가, 배우. 중요무형문화재 제3 호 남사당놀이 전수자.

1991. 9	극단 미추 입단
1996. 2	중요무형문화재 제3 호 남사당놀이 전수
2000	한국예술종합학교 전통예술원 입학 연희과 남사당놀이 덜미 전공
2001. 5	양주연희단 버들소리 대표(~2010)
2007	극단 그린피그 책임단원
2008	양주시축제위원회 사무국장
	한국예술종합학교 전통예술원 연희과 전문사 졸업
2009	한국연희단 예술감독
	극단 백수광부와 작업(~2013)
2013	버들소리를 극단 사니너머로 단체명 변경

수상

2004	경기도문화예술상
2013	제1 회 서울연극인대상 연출상 <돌아온 박첨지>
2014	財 한국전통공연예술진흥재단 창작연희 우수상 <산전수전>
2015	서울연극대상 소품상 <돌아온 박첨지 시즌 2>

출강

2002~2010	중앙대 국악대학 음악극과
2008~2015	한국예술종합학교 전통원
2018~2019	한국예술종합학교 연극원

극단 사니너머

'산이넘어'를 연음법칙으로 풀어 썼다. '산이'는 연극의 원형인 무속, 남해안별신굿에서
최고의 화랭이 무악집단을 칭한다. '산 넘어'로는 큰 산의 기개를 넘어서 그 건너 저 편의 세계를
상상하고 소통하길 바란다는 의미를 부여했다.

대표	김학수(2013~2019), 조원종(2019~)
기획·연출팀	황재희 이선연 김현지 이상희
총무	신은경
단원	최유송 조원종 조하석 허유미 서익상 송진아 차길산
객원	김현중 김기태 강학수 유성진 외
	https://www.facebook.com/sanineomeo
	https://blog.naver.com/sanineomeo

공연연보 | 김학수

배 우

1993 <남사당의 하늘>, 윤대성 작; 손진책 연출, 극단 미추, 국립극장 대극장, 1993.8.25~29(제17회 서울연극제); 국립극장 대극장,
1994.6.18~26(서울연극제, 백상예술대상 대상 수상기념 공연); 중국 청도인민대회당, 1994.8.23~24 (한중양국건교 2주년 기념공연)

1994 신창극 <천명>, 김용옥 작; 손진책 연출, 극단 미추·중앙디딤무용단·중앙국악관현악단 등, 예술의전당 오페라극장, 1994.4. 28~29
(동학 농민 혁명 100주년); 국립중앙극장 대극장, 1999.1.26~27 ; 전북대학교 삼성문화회관, 1999.2.9~10

<맥베드>, W. 세익스피어 작; 허순자 역; K. 바비츠키 연출, 문예회관 대극장, 1994.5.24~30, 레녹스 역

1995 <오장군의 발톱>, 박조열 작; 손진책 연출, 극단 미추, 예술의 전당 토월극장, 1995.10.23(제1회 베세토연극축제); 국립극장 소극장,
1995.6.5~17; 인천종합문화예술회관, 1995.10.23(제13회 전국연극제); 예술의 전당 자유소극장, 1997.9.16~22(1997 세계연극제)

1996 <사천 사는 착한 사람>, 브레히트 작; 이병훈 연출, 극단 미추, 문예회관 대극장, 1996.2.11~22

<옛날 옛적에 훠어이 훠이>, 최인훈 작; 마뉴엘 루트겐홀스트 연출, 극단 미추, 자유소극장, 1996.6.22~7.7(예술의 전당 오늘의 작가
시리즈 2 최인훈 연극제)

음악극 <1996 하늘에서 땅에서: 겨우와 직녀>, 김지일 극본; 박범훈 작곡; 손진책 연출, 국립국악관현악단·국립창극단·
국립무용단·국립합창단·극단미추·서울팝스오케스트라, 국립중앙극장, 1996.6.22~9.2

<동동 낙랑동>, 최인훈 작; 손진책 연출, 극단 미추, 토월극장, 1996.7.12~24(예술의 전당 오늘의 작가 시리즈 2 최인훈 연극제)

<꼭두각시놀음>, 손진책 연출, 극단 미추, 미추산방, 1996.12.29, 대잡이

1998 <독자>, 아리엘 도르프만 작; 박상현 연출, 극단 미추, 미추산방, 1998.5.3~5, 9~10, 감독 역

<뙤약볕>, 박상륭 작; 김광보 연출; 박호빈 안무, 극단 미추, 문예회관 소극장, 1998.9.2~15(1998 서울국제연극제)

1999 <그, 불-조선 도공 400년의 이야기>, 김용옥 작; 손진책 연출, 미추현악단, 문예회관 대극장, 1999.6.11~29, 심수관의 선대, 도공의 혼

2002 Kkokdu Gaksi, Création 2002, Direction artistique_Sohn Jin-Chaek; Marionnettiste_Kim Won-Min
(Sanbadi/Premier marionnettiste); Musicien_Kim Hak-soo(daejabi/narrateur musicien), Production_Michoo Drama Institute
[Corée du Sud]; Théâtre des Bouffes du Nord, 2002.11.13~17, (Festival d'Automn à Paris 2002)

2005 <자객열전, Terrorists>, 박상현 작·연출, 극단 파티, 아르코예술극장 소극장, 2005.10.4~7(서울국제공연예술제);
극단 그린피그, 대학로 우리극장, 2006.10.26~11.26

2008 <남사당의 하늘-100년을 이어온 우리 광대들의 예술혼>, 아르코예술극장 대극장, 2008.3.27~4.6(한국연극 100주년 기념공연)

<충분히 애도되지 못한 슬픔>, 최치언 작; 박상현 연출, 극단 그린피그, 아르코 예술극장 소극장, 2008.8.1~10

2009 <고래>, 이해성 작; 박근형 연출, 극단 백수광부, 대학로 정보소극장, 2009.12.31~2010.1.17(2008 서울문화재단 창작활성화 사후지원
선정작), 조장 역

2010 <잠 못드는 밤은 없다>, 히라타 오리자 작; 박근형 연출, 두산아트센터 Space111, 2010.5.11~6.6; 2011.11.29~12.31, 스기하라 코조 역

<리어왕>, W. 세익스피어 작; 이성열 연출, 극단 백수광부, 음성문화예술회관 대공연장, 2010.11.27, 광대 역

<미친구>, 최치언 작; 이성열 연출, 극단 백수광부, 대학로예술극장 소극장, 2010.12.23~31; 대학로 설치극장 정미소, 2011.1.8~30;
대학로 정보소극장, 2011.11.10~27, 학수 역

2011 <지하생활자들>, 고연옥 작; 김광보 연출, 국립극단 소극장 판, 2011.10.7~30, 도둑 역

2012 <전하의 봄>, 신명순 원작; 이해성 작; 김승철 연출, 창작공동체 아르케, 아르코예술극장 대극장, 2012.4.20~26, 연출 역

<브라질리아>, 김민정 작; 이성열 연출, 상명아트홀 2관, 2012.2.27~29(상명대학교 예술디자인대학원 공연영상미학과 무대디자인전공·
극단 백수광부 합동 워크숍), 아비 역

<사이코패스-푸른수염 이야기>, 박상현 작·연출, 극단 그린피그, 남산예술센터 드라마센터, 2012.9.22~10.7(남산예술센터·극단 그린피그
2012 시즌 공동제작 프로그램, 그린피그 14), 김사장·이실장·명보 역

2013 <농담>, 정영욱 작; 김낙형 연출, 남산예술센터 드라마센터, 2013.4.9~28(남산예술센터 2013 시즌 자체제작 프로그램), 이씨 역

<죽음의 집 2>, 윤영선 작; 최치언 각색; 이성열 연출, 극단 백수광부, 대학로 선돌극장, 2013.8.8~22; 대학로예술극장소극장,
2014.4.30~5.4(2014 서울연극제), 사내 역

마당놀이

1992	<신이춘풍전>
1993	<흥길동전>
1994	<뺑빠전>, <심청전>
1997	<애랑전>
1998	<봉이선달전>
1999	<변학도전>
2000	<춘향전>
2001	<변강쇠전>
2002	<흥길동전>, <심청전>
2003	<이춘풍전>, <토선생전>, <놀부전>, <허생전> 등

연출·연희감독

1. 2003 <꼭두각시놀음>, 극단 미추, 밀양연극촌 게릴라 천막극장, 2003.7.19~20(제3 회 밀양여름공연예술축제 공식초청공연)
2. 2004 <명인, 젊음과 만나다-김덕수>, 서울대 문화관 대극장, 2004.10.1(2004 국악축전-총횡무진 우리음악)
3. 2006 <산이>, 양주연희단 버들소리·The 광대, 양주별산대 놀이마당, 2006.6.10~11(2006 양주 연희단 버들소리 정기공연)
    <제31 회 정선 세계 아리랑 축제>, 아라리공원일원, 정선공설운동장 특설무대 및 아라리촌, 2006.9.29~10.2
4. 2007 <산이 3-한여름밤의 꿈, 여름사냥>, 양주별산대 놀이마당, 2007.8.25~26(2007 버들소리정기공연)
    <영양원놀음>, 월드컵공원 특설무대, 2007.9.23(대한민국전통연희축제 공식 초청작)
5. 2008 新연희극 <新원놀음>, 양주연희단 버들소리·The 광대,광화문아트홀, 2008.6.18, 19, 22(광화문아트홀 개관기념 100일간의 연희 페스티벌)
    <남사당의 하늘-100년을 이어온 우리 광대들의 예술혼!>, 윤대성 작; 손진책 연출, 극단 미추, 아르코예술극장 대극장,
    2008.3.27~4.6(한국연극 100주년 기념 개막공연), 연희감독
6. 2009 <특별한 저녁식사>, 2009 연극원(제12 회 신작희곡페스티벌 무대독회 : 연극원과 연출가협회와 서울국제공연예술축제와 함께하는
    한국예술종합학교) ; 극단 백수광부, 연극실험실 혜화동 일번지, 2013.1.12
7. 2010 <신명>, 목동 엔젤씨어터, 2010.1.21~ (한국연극단 창단 공연); 양주연희단 버들소리, 부천 영상단지, 2010.9.28~10.12
    (부천무형문화엑스포, 전통창작예술공연작 공모 대상), 예술감독
    <돌아온 박첨지>, 양주연희단 버들소리·The 광대(2010 평택농악 정기공연 초청공연), 2010.6.27 ; 연곡초·하남·덕현초·72사단, 2010. 6~10.
    (경기도 찾아가는 문화활동)
8. 2011 <새판에서 다시 놀다>, 소극장 판, 2011.3.22~30, 음악감독
    <쥐의 눈물 - 눈.물.금.지. 인생은 살아내야 하는 거야!>, 정의신 작·연출, 김재리 안무; 쿠메 다이사쿠 작곡, 극단 미추,
    구로아트밸리 예술극장, 2011.10.14~23, 사물지도
    新연희극 <토끼스캔들>, 영암문화원·구례 섬진아트홀·정선군·진천군, 2011.6.16~7.23(농어촌희망재단과 버들소리 주관)
9. 2012 연희창극 <흥보가>, 사단법인 사물놀이 한울림, 태양극단 (Théâtre de l'Épée de Bois), 2012.12.29~30(한불수교 120주년 기념)
10. 2013 전통연희극 <꼭두각시놀음>, 극단 백수광부, 양평·속초·용인·단양·풍기·남양주·평택·영광, 2013.5.13~7.27(신나는 예술여행)
    한국전통인형극 <꼭두각시놀음>, 극단 미추·극단 백수광부, 밀양연극촌 숲의 극장, 2013.7.24~25(밀양연극제 공식초청작)
    전통무예 창작 이야기극 <하도감이생전>, 동대문역사문화공원 야외무대, 2013.10.19~11.10
    <돌아온 박첨지>, 예술공간 서울, 2013.12.11~29, 연출·악사·꽹과리
11. 2014 꼭두연희극 <산전수전>, 올림픽공원 K-아트홀, 2014.10.1(2014 창작연희페스티벌, 2014 문예진흥기금 지원사업)
    <돌아온 박첨지 시즌 2>, 대학로예술극장 3관, 2014.11.12~30(2014 서울문화재단 예술창작지원 선정작)
    <천년의 꿈 줄광대의 화려한 비상(飛翔)>, 중요무형문화재 제58 호 줄타기보존회, 과천 시민회관 대극장, 2014.11.30
12. 2015 <돌아온 박첨지 시즌 3>, 남산골한옥마을 서울남산국악당, 2015.7.23~8.9(남산골 기획공연)
    <천년의 꿈 줄광대의 화려한 비상>, 중요무형문화재 제58 호 줄타기보존회, 과천 시민회관 대극장, 2015.12.2
13. 2016 <돌아온 박첨지>, 대학로예술극장 대극장, 2016.1.7(제12 회 서울 아시테지 겨울축제 개막공연)
    <돌아온 박첨지>, 나다소극장, 2016.5.12~13(제13 회 부산국제연극제)
    <하녀빠빵자매>, 게릴라극장, 2016.7.7~18
14. 2017 <산대재>, 국립국악원 예악당, 2017.3.29~31; 국립국악원 연희마당, 2017.9.2
    <유랑-억척어멈>, 민송아트홀 2관, 2017.11.17~26
15. 2018 우리연극 원형의 재발견 <연극동네 연희마당>, 국립극단 서계동 마당, 2018.9.30

1993	8.25–29	제17회 서울연극제 <남사당의 하늘>, 윤대성 작; 손진책 연출, 극단 미추, 국립극장 대극장
1994	6.18–26	서울연극제, 백상예술대상 대상 수상기념 공연 <남사당의 하늘>, 국립극장 대극장
	8.23–24	한중양국건교 2주년 기념공연 <남사당의 하늘>, 중국 청도인민대회당
1996	12.29	<꼭두각시놀음>, 손진책 연출, 극단 미추, 미추산방, 대잡이
2001	5	양주연희단 버들소리 창단
2002	11.13–17	파리가을축제 초청작, Kkokdu Gaksi, 손진책 예술감독, 김원민 산받이, 김학수 대잡이, 극단 미추, 뷔페 뒤노르 극장
2003	7.19–20	제3회 밀양여름공연예술축제 공식초청작 <꼭두각시놀음>, 극단 미추, 밀양연극촌 게릴라 천막극장
2008	3.27–4.6	한국연극 100주년 기념공연 <남사당의 하늘-100년을 이어온 우리 광대들의 예술혼!>, 아르코예술극장 대극장
	10.2–5	제1회 양주세계민속극 축제 <한국전통연희극>, 양주연희단 버들소리·The광대, 양주별산대놀이마당 풍류마당
2010	6.27	2010 평택농악 정기공연 초청공연 <돌아온 박첨지>, 양주연희단 버들소리·The광대
	6~10	경기도 찾아가는 문화활동 <돌아온 박첨지>, 양주연희단 버들소리·The광대,
		연곡초, 2010.6.1; 하남, 2010.6.17; 덕현초, 2010.6.30; 72사단, 2010.10.5.
2013	2.25	극단 백수광부 전통연희 워크숍 <설장구와 꼭두각시놀음>, 백수광부 연습실
	5.13~7.27	2013 문화예술위원회 문화나눔사업 '신나는 예술여행', 전통연희극 <꼭두각시놀음>, 극단 백수광부,
		양평·속초·용인·단양·풍기·남양주·평택·영광
	9.30~12.6	한국예술인복지재단 학습공동체 지원사업 '꼭두각시놀음을 통한 전통연희의 이해와 실기',
		극단 백수광부 주최, 극단 사니너머 주관, 동선동 사니너머 스튜디오 외
	7.24–25	밀양연극제 공식초청작 <한국전통인형극 꼭두각시놀음>, 극단 미추·극단 백수광부, 밀양연극촌 숲의 극장
	12.11–29	극단 미추·극단 백수광부·극단 사니너머 공동기획공연 <돌아온 박첨지>, 대학로 예술공간 서울
2014		극단 사니너머 단체명 변경 및 연습실 오픈
	5	문화예술위원회 문화나눔사업 '신나는 예술여행', 가평·갈산·장수·안동 등
	5.28	고성오광대 초청공연 <돌아온 박첨지>
	6~10	한국예술인복지재단 학습공동체 지원사업 '꼭두각시놀음의 제작과정을 통한 전통연희의 이해',
		민속학자 서연호 교수 특강 '꼭두각시를 다시 춤추게 하라', 예술가의 집 세미나 2실, 2014.7.23
		한국전통인형극 제작과정과 연행실습연구 컨퍼런스, 박용태, 옥종근, 김학수, 청운대학교 예술극장, 2014.8.24
		꼭두각시놀음 쇼케이스 발표 1: 한국전통인형극 제작과정과 연행실습연구 워크숍, 성균소극장, 2014.10.16
	7.16–27	경기인형극제 in 수원 국내초청작 <돌아온 박첨지>, 수원SK아트리움
	7.26	국립민속박물관 기획 공연 '夜~好! 문화공감'<돌아온 박첨지>, 어린이박물관 놀이마당
	8.10	연희마당 상설공연 '별별연희' <돌아온 박첨지>, 국립국악원 연희마당
	8.11	춘천인형극제 공식경연작 <돌아온 박첨지>, 노을터
	8.13–17	화학작용-선돌편 7주차 <자매>, 선돌극장(2014 선돌에 서다 6)
	8.14–16	제11회 산골공연 예술잔치 '다시 촌스러움으로' 초청작, 자제예술촌 야외무대·소극장·충청북도 영동군
	8.30–31	광주 예술난장 굿＋판 '너랑나랑' <돌아온 박첨지>, 굿마당
	9.8–9	남산골한옥마을 세시맞이 '오 대감 한가위잔치' <돌아온 박첨지>, 한옥마을 강당
	10.1	창작연희페스티벌 젊은무대당극 <산전수전>, 올림픽공원 K 아트홀
		(전통공연예술진흥재단 주관, 2014 창작연희 공모 선정작), 인천 수봉 문예회관 공연
	11.12–30	서울문화재단 창작활성화지원선정작 <돌아온 박첨지 시즌 2>, 대학로 예술극장 3관
	12.22–28	짧고굵게단막극연작시리즈 1 <자매> 〈햇살약국〉, 소극장 봄
2015	1.19	남양주 찾아가는 문화나들이 공연 <돌아온 박첨지>
	3.31	극단 사니너머 워크숍 <하녀들>, 청운예술극장

	4-5	문화예술위원회 문화나눔사업 '신나는 예술여행' <돌아온 박첨지>, 정선·정읍·해남·순천·남해·칠곡·경산·거제 등
	4.25	관악어린이극 '관악명랑방석극장' 공연 선정 <돌아온 박첨지>
	5.10	제8회 서울장작공간연극축제 거리극공연 <이시미>, 대학로 마로니에 공원
	5.15	춘천국제연극제 공식경연작 <돌아온 박첨지>, 춘천 MBC 야외무대
	5.21	제15회 의정부음악극축제 <날아라 이시미>, 의정부예술의전당 야외무대 전시장 앞
	6-11	십팔기보존회 공동기획공연 '으랏차차 남한산성 수어청', 남한산성 행궁 공연
	7.23~8.9	남산골 기획공연-국악, 시대를 말하다 <돌아온 박첨지 시즌 3>, 남산골한옥마을 서울남산국악당
	8.10~11	춘천국제인형극제 공식초청작 <이시미>·춘천국제인형극제 워크숍 '꼭두각시놀음의 이해'
	8-9	서울문화재단 거리예술 시즌제, 가을 참가작 <이시미>, 신촌일대
	9.15~18	제주 해비치 페스티벌 참가
	9.19	제19회 과천누리축제 참가작 <이시미>, 축제마당
	9.26	국립민속박물관 우리민속한마당 참가작 <돌아온 박첨지>
	10.2	하이서울페스티벌 자유참가작 <이시미>, 청계광장
	10.3	인천부평풍물축제 <돌아온 박첨지>
	10.6~8	서울 아트마켓 참가
	10.10	서울마당극제·구로아트밸리축제 초청공연 <이시미>
	10.24	광화 문국제아트페스티벌 참가작 <이시미>
	10.30~31	극단 뛰다 레지던스 워크숍 참여 및 초청공연 화천예술텃밭축제 <돌아온 박첨지>
	12.7	마임아카데미 몸-숨-짓 참여
2016	1.7	제12회 서울아시테지 겨울축제 개막공연 <돌아온 박첨지>, 대학로예술극장 대극장
	5.5	세종페스티벌 '봄소풍' <돌아온 박첨지>
	5.7~8	안산국제거리극축제 공식참가작 <이시미>, G site
	5.12	제13회 부산국제연극제 '2016 근대작가전' <돌아온 박첨지>, 나다소극장
	5.28	박물관 문화향연, 전래동화와 꼭두각시놀음의 새로운 진화 <이시미>, 국립중앙박물관 열린마당
	6.8~7.16	키우피우 인형극축제 <돌아온 박첨지>, 종로아이들극장, 종로문화재단
	7.14~28	제15회 경기인형극제 in 수원 기획초청작 <날아라 이시미>, 수원SK아트리움
	7.23~24	제24회 아시테지 여름축제 <날아라 이시미>, 마로니에공원 야외무대
	7.30~10.9	안양시 지역예술활동 지원사업 '쟁이들의 판 : 연극과 연희의 만남', 전통예술원 판
		안양예술공원 벽천광장, 7.30; 범계 롯데백화점 지하 미관광장, 9.25; 범계 로데오거리 분수광장, 10.9,
	8.13	토요박물관 산책 <돌아온 박첨지>, 국립제주박물관
	8.20~21	<돌아온 박첨지>, 북경어린이극장
	9.2~3	거리예술마켓-선유도 <날아라 이시미>, 선유도공원
	9.7	노마드 <돌아온 박첨지>, 부개문화사랑방
	9.24	서천 문헌서원 인문마당 공연 <돌아온 박첨지>, 서천 문헌서원, 충청남도 역사문화연구원
	9.31~10.1	서울시국악활성화 우수국악작품육성 지원선정작 <돌아온 박첨지 4>, 종로아이돌극장
2017	5.27~28	전통연희 페스티벌 '뙬판 놀판 살판' <꼭두 처용>, 상암 월드컵 평화의 공원 일원
	6.2~11.4	문화예술위원회 문화나눔사업 '신나는 예술여행', <날아라 이시미>, 청주·구미·서귀포
	6.3~7.16	청계천 스토리텔링 야외공연 <날아라 이시미>, 청계천 광통교, 서울시 중구
	6.12~21	문화가 흐르는 서울광장 사전 특별공연 <날아라 이시미>
	8.19	국립국악권 연희마당 기획공연 '우면산별밤축제' <돌아온 박첨지>, 국립국악원 연희마당
2019	6.2	전통연희 페스티벌 '뙬판 놀판 살판' <돌아온 박첨지>, 문화비축기지 일원
2020	9.16	문화예술위원회 문화나눔사업 '신나는 예술여행', <운우풍뢰 꼭두각시>, 충청권
	10.17	고 김학수 1주기 추모 공연 <돌아온 박첨지>, 광화문아트홀

수상내역

2014	서울연극대상 연출상 수상 <돌아온 박첨지>, 김학수
	전통공연예술진흥재단 창작활성화 지원사업 선정 <산전수전>
	창작연희창작 꼭두마당극 우수상 <산전수전>
2015	서울연극대상 소품상 수상 <돌아온 박첨지>, 박용태

문헌자료 | 연구논문·리뷰 및 기사·참고문헌

연구논문

2015   김기태. 「전통 꼭두각시놀음과 재창작 사례의 비교 연구 : 극단 사니너머의 〈돌아온 박첨지〉와 창작그룹 노니의 〈꼭두〉를 중심으로」.
        한국예술종합학교 전문사학위논문. 2015

2016   최윤영. 「〈꼭두각시놀음〉의 현재화 방안 연구 : 극단 사니너머의 〈돌아온 박첨지 시즌 2〉를 중심으로」, 「공연문화연구」,
        한국공연문화학회, 32호, 2016

2017   김영학. 「〈꼭두각시놀음〉 변용사례 연구 - 심우성 본 〈꼭두각시놀음〉과 김학수 본 〈돌아온 박첨지〉의 비교를 중심으로」,
        「드라마연구」, 51호. 한국드라마학회, 2017

2020   Kwon, Mina Kyounghye. "'Bak Cheomji's Sightseeing' from Kkokdugaksi Noreum, a Korean Traditional Puppet Play." Delos:
        A Journal of Translation and World Literature, vol. 35, no. 1, 2020

리뷰 및 기사

2013   강이슬. "무형문화재 '꼭두각시놀음', 인형극 '돌아온 박첨지'로 부활". 「뉴스투데이」. 2013. 11. 30
        정석현. "잊혀가는 전통인형극 〈돌아온 박첨지〉 보러 갈까? : 극단 '미추'와 '백수광부'가 만나 펼치는 현대적 풍자인형극".
        「우리문화신문」. 2013. 12. 5
        최윤우. "전통의 가치와 동시대의 해학 : 극단 미추&극단 백수광부 〈돌아온 박첨지〉". 「최윤우의 연극 미리보기」.
        「연극인」. 2013. 12. 5. 37호

2014   이미원. "꼭두각시놀음의 재구 〈돌아온 박첨지〉". 「연극평론」. 한국연극평론가협회, 2014. 72권. pp.22-24
        홍경찬. "인형극 '돌아온 박첨지'와 고성오광대 : 고성오광대 전수교육관 상설공연 '판 2014'". 「한려투데이」. 2014. 5. 26
        "고성오광대 전통인형극 〈돌아온 박첨지〉 오는 28일 오후 7시 30분 상설공연 개최". 「고성신문」. 2014. 5. 28
        오세현. "인형과 함께 동심 세계로…". 「강원도민일보」. 2014. 8. 6
        박정기. "극단 미추, 극단 백수광부, 극단 사니너머의 꼭두각시놀음 : 김학수 연출의 〈돌아온 박첨지〉를 보고".
        「발전기의 공연산책」. 2013. 12. 24

2015   서울연극인대상 스태프부문, 연극 돌아온 '돌아온 박첨지 시즌 2' 소품디자인 박용태, 이수희, 「코윅타임즈」. 2015. 4. 5
        박정환. "남산골한옥마을, 〈돌아온 박첨지〉 23일 공연". 「뉴스 1」. 2015. 7. 13
        김유진. "남산골한옥마을, 꼭두각시 놀음 〈돌아온 박첨지 시즌 3〉". 「한국투데이」. 2015. 7. 21
        김관수. "국내 유일의 전통인형극 〈돌아온 박첨지 시즌 3〉가 돌아온다". 「문화뉴스」. 2015. 7. 20
        이가온. "남산골한옥마을서 벌어지는 인형놀이 〈돌아온 박첨지 시즌 3〉". 「서울문화투데이」. 2015. 7. 23
        "남산한옥마을, 〈돌아온 박첨지〉 23일 공연". 「뉴스1」, 「뉴스줌」. 2015. 7. 13
        최지미. "남산골한옥마을, 꼭두각시놀음 〈돌아온 박첨지 시즌 3〉 : 해학과 풍자가 넘치는 국내 유일한 전통 인형극".
        「소비자를 위한 신문」. 2015. 7. 20
        배성호. "해학·풍자로 배꼽 잡는 '꼭두각시놀음'". 「백세시대」. 2015. 7. 31
        이은혜. "[2015 돌아온 박첨지] 극단 사니너머의 〈돌아온 박첨지 시즌 3〉 : 남산골기획공연-국악, 시대를 말하다". 「갤러리」,
        「남산골한옥마을」. 2015. 8. 18
        유석재. "내 아이와 '믿고 보는' 名品 공연". 「조선일보」. 2015. 12. 3

2016   변지은. "아시테지 한국본부, 대학로서 어린이 연극축제 개최". 「여성신문」. 2016. 1. 5
        이정미. "[아시테지겨울축제] 꼭두놀음의 매력에 흠뻑 빠지게 만드는 〈돌아온 박첨지〉". 「민중의 소리」. 2016. 1. 8
        장남선. "어린이 전용극장 인형극 축제". 「TV서울」. 2016. 6. 3
        고민희. "국립제주박물관, 〈돌아온 박첨지〉 공연". 「제주도민일보」. 2016. 8. 4

채정선. "13일에 국립제주박물관 인형극 <돌아온 박첨지>". 『뉴스제주』. 2016. 8. 4

이다영. "시원한 곳에서 인형극 관람 어떠세요?", 『미디어제주』. 2016. 8. 4

"국립제주박물관 '토요박물관 산책', 전통인형극 <돌아온 박첨지> 공연", 『헤드라인제주』. 2016. 8. 4

오수진. "전통인형극 <돌아온 박첨지> 공연". 『제주매일』. 2016. 8. 7

2017   조성봉. "뉴시스 발걸음 멈추고 전통인형극 보는 시민들". 『중앙일보』. 2017. 6. 12

"도심에서 즐기는 인형극". 『KBS NEWS』. 2017. 6. 12

김민용. "'뛸판, 놀판, 살판' 2017전통연희페스티벌 마무리하며 전통놀이 축제로 자리매김". 『컨슈머투데이』. 2017. 5. 31

2019   김원희. "'2019 전통연희 페스티벌' 개최, '뛸판 놀판 살판' 관객을 체험행사 진행". 『스포츠경향』. 2019. 5. 30

김승일. "6월 첫 주말 행사 '2019 전통연희 페스티벌'… 전통연희 보고, 체험하고". 『독서신문』. 2019. 6. 1

"'뛸판 놀판 살판' 전통연희 페스티벌 6월 1일 개막". 『연합뉴스』, 『매일경제』. 2019. 5. 30

"2019 전통연희페스티벌, 전통 인형극 <돌아온 박첨지>". 블로그 리뷰, 2019. 6. 9

참고문헌

사전   국립민속박물관 편, 「한국민속예술사전 : 민속극, 민속놀이 편」, 『한국민속대백과사전』, 2015

단행본   박용태·양근수 저, 『박첨지가 전하는 남사당놀이』, 엠애드, 2008

서연호 저, 『꼭두각시놀이』, 열화당, 1990

논문   김기태. 「전통 꼭두각시놀음과 재창작 사례의 비교 연구 : 극단 사니너머의 <돌아온 박첨지>와 창작그룹 노니의 <꼭두>를 중심으로」. 한국예술종합학교 전문사학위논문. 2015

팸플릿   박용태, 『꼭두각시인형 만드는 법』, 필사본, 1975. 6

극단 사니너머, 『덜미 : 꼭두각시놀음의 제작과정을 통한 전통연희의 이해』, 2014. 10. 10(한국예술인복지재단 학습공동체 지원사업).

프로그램북   극단 민예극장, 『꼭둑각시놀음 : 박첨지놀이』, 1983. 3. 1-15

극단 미추, 『남사당의 하늘』, 1993

극단 미추·극단 백수광부·극단 사니너머, 『돌아온 박첨지』, 2013. 12. 11-29

극단 사니너머, 『돌아온 박첨지 시즌 2』, 2014. 11. 12-30

자료   손진책 구술, 김장기·이노아 면담, 이노아 사진, 2020. 7. 21

손호성·최유송·강학수·김현중·유성진·하동기·김경희·민해심·신은경·이선연 구술, 김옥란·김장기 면담, 이노아 사진, 2020. 7. 26

조원종 구술, 이노아 면담, 2020. 10. 5

윤현호 구술, 이노아 면담, 2020. 10. 17

김기태 구술, 이노아 면담, 2020. 10. 17

김지훈 구술, 김장기·이노아 면담, 2020. 10. 28

최원, 문자 메시지, 이노아 수신, 2020. 10. 20

정재왈, "므누슈킨 연출 연극 <제방의 북소리> 무대 올라", 『중앙일보』, 2001. 9. 11

"Festival d'Automn à Paris 2002", https://www.festival-automne.com/edition-2002/kkokdu-gaksi

︿ 객석에서 본 무대, 개관기념 공연 리허설을 마친 후 연출가 김학수, 광화문아트홀, 2008. 5. 9
〉무대에서 본 객석, 고 김학수 1주기 추모 공연, 광화문아트홀, 2020. 10. 17

편집을 마치고 |

김창기
조명 디자이너·극동대학교 연극연기학과 교수

<돌아온 박첨지>는 참여한 배우와 스태프, 그리고 동료와 지인들에게 김학수 연출을 기억하는 특별한 작품이다. 공연을 통해서 남긴 사진과 자료들을 모아 책을 만들면 좋겠다고 사진가 이노아 씨와 얘기하다가 마침 서울문화재단의 2020년 우수예술작품기록지원 사업에 선정되어 4월부터 발간 모임을 하기 시작했다.

공연기록집은 극단 백수광부의 워크숍으로 출발한 <돌아온 박첨지>의 지방 순회 공연과 첫 극장 공연, 극단 사니너머의 <돌아온 박첨지 시즌 2> 공연 프로그램북에 있는 연출과 드라마터그 글, 공연 관련 사진들, 참여자 인터뷰, 인형 제작 워크숍 및 공연 연보 등으로 이루어졌다.

손진책 대표의 인터뷰를 통해서 극단 민예 극장에 뒤이은 극단 미추의 꼭두각시놀음의 연극 공연화 과정의 처음과 박첨지역 대잡이를 했던 김학수의 사연을 알게 되었다. 또 추가된 자료 중 <돌아온 박첨지 시즌 3> 이후 작업은 극단 사니너머에서, 2013년 이전 꼭두각시놀음 공연 관련해서는 극단 미추의 도움을 받았다. 그리고 마지막으로 김학수가 대표가 사니너머의 전신이라고 생각했던 양주연희단 버들소리의 제자 김지훈을 만났다.

이 책에서는 전통 남사당의 꼭두각시놀음을 극장에서 '다시 춤추게' 하려 했던 김학수 연출가의 작업을 기록하였다. 따라서 전통 남사당패의 놀이 중 하나인 덜미에 관한 구체적이고 깊이 있는 논의는 관련한 연구 서적에서 충분히 다루었기 때문에 이 책에서는 공연에 직접 관련된 부분만 한정적으로 다루었다.

│ 친구이자 동료인 김학수 연출을 보내며

김옥란
평론가·극동대학교 연극연기학과 교수

김학수 연출은 극단 사니너머를 만들면서 전통 꼭두각시극을 현재의 공연으로
만들려고 많은 노력을 기울여왔다. 꼭두각시놀음 인형들과 함께 전국 방방곡곡
공연을 다녔고, 장 주네 <하녀들>을 원작으로 했던 <하녀빠빵자매>에서
서양식 인형극 놀음도 시도하였다. 브레히트 서사극을 다시 공부하면서 <유랑
억척어멈>을 만들어내기도 했다. 결실을 보지는 못했지만 나와는 근대극
레퍼토리를 공부하는 모임을 이어가기도 했다. 이제 돌이켜보니 근대 초기 희곡
대사들을 읊는 그의 말들이 장단을 기본으로 하는 꼭두각시놀음 인형들의
말하기와 흡사했다는 생각이 든다.

전통연희자이면서 현대극 배우이자 연출가로서 참으로 많은 일을 하고자 했고,
그리고 그 일을 해냈던, 그는 욕심 많은 사람이었다. 이 책을 만들면서 김학수
연출이야말로 '돌아온 박첨지'였다는 생각이 든다. "떼루떼루" 장단을 맞추면서
언제든 다시 돌아올 것만 같다. 이 책을 만드는 세 사람은 김학수 연출이 극단
사니너머를 만들면서 '극단 사니너머 운영위원회'라는 이름으로 불러 모은
사람들이다. 김학수 연출과 평소에 선후배로, 연극 현장의 동료로 함께 해온
인연으로 모인 사람들이다.

김학수 연출에게 인도 카레 음식도 얻어먹고, 막걸리도 얻어먹었다. 그런데도 큰
도움이 되지 못했던 지난 시간이 못내 아쉽고 미안한 마음만 가득하다. 친구이자
동료인 김학수 연출을 보내며, 이 책을 그의 영전에 바친다.

| 연극과 사진과 책

이노아
사진가·다큐멘토 대표

김학수 연출의 부고는 너무 갑작스레 날아들었고, 그래서 믿을 수 없었다. 장례식 이후 들려온 이야기는 더 어처구니없었다. 사고 경위도 그렇지만 무연고자 봉안함마저 훼손되어 사라졌다고 했다. 그의 작품을 찍은 사진도 처음부터 없었던 것처럼 뿔뿔이 흩어져서 사라질 것만 같았다. 그래서 <돌아온 박첨지>를 기록사진집으로 묶어야겠다고 생각했다.

처음에는 극단 백수광부와 작업했던 2013년과 극단 사니너머를 창단하며 공연했던 2014년의 사진에 추모 공연 사진을 한데 엮고, 거기에 '꼭두각시놀음'의 공연 역사를 더하면 좋을 거라고 생각했다. 작게는 김학수 연출의 작품을 기록으로 남기고, 나아가 공연사적 의미를 정리하는 기록사진집이 되기를 바랐다. 그렇게 차곡차곡 사진을 정리하던 중 그와의 인연이 내 기억보다 훨씬 오래전부터 이어져 왔다는 걸 알게 되었다. 그래서 2008년 즈음의 양주연희단 버들소리라는 이름으로 공연했던 <돌아온 박첨지>의 기록까지 함께 묶을 수 있었다. 이 사진들로 보여줄 수 없는 것은 김학수 연출을 기억하는 동료들의 인터뷰와 앨범 속 사진으로 채웠다. 거기에 프로덕션 노트를 추가해 공연기록집의 모습을 갖추게 되었다.

손진책 선생님의 말씀은 이 책의 편집 방향이 되었다. 이성열 연출가의 조언에도 감사의 인사를 드린다. 김창기 선생님, 김옥란 선생님과 함께여서 이 책을 만들 수 있었다.

연극도 사라지고 사람도 사라질 때 사진 이미지는 기억을 돕기도 되살리기도 한다. 하지만 유령처럼 디지털 파일로 떠도는 이미지들은 책 속에서야 자리를 잡는다. 이렇게 "공연을 기록하고 그것을 만든 사람들을 기억"하려고 이 책을 만들었다.

편집 진행 과정

2020.	3. 17	편집위원 구성 및 예산안 논의
	4. 18	전체 편집회의
	5. 17	인터뷰 질문 리스트 작성
	6. 28	판형 및 페이지 확정
	7. 2	극단 미추 대표 손진책 인터뷰
	7. 26	참여 배우 및 스태프 인터뷰
	8. 10	녹취록 편집회의
	9. 19	1차 교정
	9. 28	추모공연 연습, 극단 백수광부와 사니너머
	10. 4	김학수 공연 자료 수집
	10. 5	극단 사니너머 대표 조원종 인터뷰
	10. 7	2차 교정
	10. 25	3차 교정
	10. 26	미추시절 관련 최원 인터뷰
	10. 28	버들소리 관련 인터뷰
2021.	3. 31	공연기록집 발간

정리   김창기

김창기

조명디자이너, 극동대 연극연기학과 교수

수상

2006 동아연극상 무대미술상 수상(<맥베드, The show>)

2013 대한민국 문화예술상

2015 동아연극상 시청각디자인상(<줄리어스 시저>)

2015 서울연극인대상 조명디자인 부문

김옥란

연극평론가, 드라마투르그, 극동대 연극연기학과 교수

수상

2014 서울연극인대상 스태프상(<채권자들> 드라마투르기)

2017 노정 김재철 학술상(『한국연극과 드라마투르기』)

2018 여석기 연극평론가상(『레드와 블랙』)

이노아

사진가, 편집자, 다큐멘토 대표

2005 『어제와 오늘: 한국민중 80인의 초상』(20세기민중생활사연구단)

2005 『서울도시민속조사 가재울』(서울역사박물관)

2016~2019 조선왕릉문화벨트사업(구리시)

2018 『제주 해녀』(제주시) 등

편집위원장   손진책

편집위원   김창기
            이성열
            조원종
            김옥란
            이노아

표지 인버코트 280g
면지 낭색
내지 모조지 100g
판형 150x200mm
서체 Sandoll 고딕NEO3, Sandoll 정체 030
제본 사철 · 오타바인딩
후가공 노스크래치 코팅 · 에폭시